망각의 강에서 기억의 강으로, 황민정 교무 삶의 여정

나무아미타불

글 · 황민정

월간원광사

나무아미타불을 펴내며

　한 제자 여쭙기를 「부모 보은의 조목에 "공부의 요도와 인생의 요도를 유루 없이 밟으라." 하셨사오니 그것이 어찌 부모 보은이 되나이까.」 대종사 말씀하시기를 「공부의 요도를 지내고 나면 부처님의 지견을 얻을 것이요, 인생의 요도를 밟고 나면 부처님의 실행을 얻을지니, 자녀 된 자로서 부처님의 이름이 너른 세상에 드러나서 자연 부모의 은혜까지 드러나게 될 것이라, 그리 된다면 그 자녀로 말미암아 부모의 영명(令名)이 천추에 길이 전하여 만인의 존모할 바 될 것이니, 어찌 단촉한 일생에 시봉만 드리는 것에 비하겠는가. 그러므로, 이는 실로 무량한 보은이 되나니라.」 또 여쭙기를 「자녀 없는 타인의 부모라도 내 부모와 같이 보호하라 하셨사오니 그것은 어찌 부모 보은이 되나이까.」 대종사 말씀하시기를 「과거 부처님이 말씀하신 다생의 이치로써 미루어 보면 과거 미래 수천만 겁을 통하여 정하였던 부모와 정할 부모가 실로 한이 없고 수도 없을 것이니, 이 많은 부모의 은혜를 어찌 한생 한 부모 한두 분에게만 보은함으로써 다하였다 하리요. 그러므로 현생 부모가 생존하시거나 열반하신 후나 힘이 미치는 대로 자력 없는 타인 부모의 보호법을 쓰면 이는 삼세 일체의 부모의 큰 보은이 되나니라.」

〈대종경〉 변의품 25장

　오늘, 지나온 삶을 돌아보니 나의 출가 동기는 삼세 모든 부모들과 조상들의 은혜를 갚기 위함이었다. 무수한 과거 생에 정하였던 부모들과 이생의 부모인 황호봉 아버지와 김부순 어머니, 그리고 미래 생에 정할 부모들께 보은의 도리를 다하기 위해서 이번 생은 오롯이 부처님 전에 몸과 마음을 바치기로 했다. 그래서 1979년 아버지께서 53세의 나이로 열반하고 미련 없이 출가하여 원광대학교 원불교학과 3학년으로 편입했다.

　졸업 후 영산성지, 원광대학교 법당, 원불교학과 여자 부사감, 수성교당, 원불교대학원대학교에서 근무했다. 대학원 근무 시에 뇌졸중으로 쓰러져 큰 수술을 받는 위기도 있었다. 위기는 또 다른 문이 열리는 기회라 했던가. 수술 후 2년간 휴양을 하며 회복하던 중 인도 성지순례를 하는 기회를 가졌다. 부처님의 열반지인 쿠쉬나가라에서 명상 중 과거 전생이 떠올랐다. 그 특별한 경험을 통해서 나의 서원은 '삼세 부모 조상뿐만 아니라 삼세 모든 부처님과 성인들의 은혜를 갚기 위함이구나'를 깨닫게 됐다.

체험적 깨달음 후 서진주·방배교당을 거쳐 하와이국제훈련원에서 12년째 근무하는 본인이 이 책을 쓰는 이유는 우선, 개인적으로 심한 뇌졸중 수술로 좌측 뇌가 제거된 장애를 가졌음에도 말과 기억을 온전히 할 수 있었다. 이는 출가 후 놓지 않고 수행했던 소태산 대종사의 일기법의 공덕이다. 나는 이 일기법을 널리 알리고 싶다. 동시에 일생을 마무리하는 즈음에 나의 서원을 되돌아보며 다음 생을 준비하는 것에 있고, 또한 교단적으로는 나의 일생을 통해서 원불교와 불교와의 관계 정립을 위해서다.

결론적으로, 원불교와 불교는 둘이 아니라는 것이다. 그것은 나의 일생 경험에서 나온 깨달음이자 신념이다. 나의 삶과 경험을 통해서 원불교가 불교와의 관계를 회복하는 데 일조하기를 염원한다.

영산의 옛 인연

　라타원 황민정 교무를 처음 만난 것은 군복무를 마치고 복학해서였다. 당시 라타원은 동국대 불교학과를 졸업한 편입생이었다. 내가 종교적 깊이가 모자라서 왠지 피하고 싶은 사람이었다.
　늘 수더분한듯하면서도 찬찬히 들여다보면 그에겐 단단한 알맹이가 있었다. 아마 구도 열정이 그랬다고 생각된다. 마치 서로를 응시하며 무심한 듯 서 있는 겨울나무와 같은 사람이었다. 그런 그를 우리들은 '황 보살'이란 별칭을 달아줬다. 그 '황 보살'이 무심(無心)마저도 놓아버린 참 수행자임과 영산의 옛 인연임을 몇 년이 지난 뒤에야 어렴풋이 알게 되었다.
　그는 출가 후 주로 교육기관에서 봉직했다. 그러던 중 뜻하지 않은 뇌출혈로 쓰러지고 말았다. 큰 수술 후 정성스런 재활치료로 다시 일어서 하와이국제훈련원에 근무하고 있다. 어느 날 나도 뇌출혈로 쓰러지고 말았는데 요가를 같이 하기를 권해줬다. 이것이 고리가 되어 하와이와 인연이 깊어졌다. 몇 개월을 같이 지내며 무심마저도 뛰어넘은 걸리고 막힘이 없는 수행자임을 재발견했다.

    겨울나무들은 자만과 나태심을 버리고 정진하며 나이테를 만들어간다. 라타원이 부르는 '나무아미타불'은 겨울나무처럼 만들어 온 나이테를 풀어 놓은 해탈의 노래이기도 하다.

임인년 봄날에
기산 이도전 합장

차례

나무아미타불을 펴내며 ·· 5
영산의 옛 인연 ·· 8
푸른 용 하늘을 날다(출생과 어린 시절) ············ 12
이방인(초등학교 시절 기억들) ······························ 18
돌아선 나한(중·고시절 기억들) ··························· 25
동국대 불교학과 시절 _ 한국불교학 거목 고익진 박사 1 ········ 33
동국대 불교학과 시절 _ 선지식들과 만남-교教와 선禪 2 ······· 37
아버지 열반과 팔삭둥이 제임스 ··························· 44
서가모니 부처님과 내가 둘이 아니다 ················· 49
첫 발령지, 영산성지 ·· 57
익산성지로 돌아오다 ··· 62
휴무 중 미국으로 ··· 68
교화일선으로 가다(현상호, 홍대현의 출가) ········ 74

중도원이 단전으로 들다(대학원대학교에서) ································ 81

꿈처럼 다가 온 무여열반 ·· 89

살아난 기적, 살아갈 기적(미국으로) ··· 97

부처님을 만나다(망각의 강에서 기억의 강으로) ······················ 102

다시 교화현장으로 ··· 112

중음(바르도)에 머물다(한국에서 미국으로 가는 중간 단계) ········ 121

하와이국제훈련원 ··· 125

익타원 하대연 원로교무 ··· 132

하와이국제훈련원을 다녀간 인연들 ·· 135

세계부활 도덕부활 회상부활 성인부활 마음부활(거듭난 사람들) ······· 165

일체 생령들 ··· 175

기원문 결어, 일원 만다라 ·· 178

나무아미타불을 마치며 ··· 182

푸른 용 하늘을 날다
- 출생과 어린 시절

상서골

나의 아버지 황호봉(黃鎬鳳)은 전북 정읍군 신태인읍 상서골에서 1926(원기11)년 음력 10월 3일에 부친 황승규와 모친 허무실 여사 사이에서 4남 3녀 중 장남으로 태어났다. 어려서부터 신동이라는 소리를 들을 정도로 명석하였으나, 화호 국민학교를 졸업하고 중학교 진학은 하지 않았다. 아마도 일제 치하 식민 교육에 대한 회의감이 이유였던 것 같다.

그 후 전국 팔도를 다니면서 일용 노동자로 혹은 아오지에서 탄광 일도 하면서 사회운동에 대한 관심을 가졌다. 일본 제국주의로부터 해방 후 당시 들불처럼 유행하던 사회 운동에 관심을 보이다가 한국 전쟁 중인 1952(원기37)년 3월에 신태인읍 무령리 출신인 김부순(金富順, 23세)과 결혼하였다.

아버지 황호봉

어머니, 나, 언니

　아버지는 175센치의 제법 큰 키에 호리호리한 체격이었고, 서구적 외모로 잘 생기고 두뇌가 명석하면서 시간관념이 철저한 사람이었다. 반면 어머니 김부순은 키가 152센치로 그 당시 평균 여성키에 눈이 작은 전형적인 한국인 외모였다.
　어머니 김부순은 1930년 음력 4월 10일 정읍군 신태인읍 무령리에서 부친 김윤권과 모친 김윤화의 2남 5녀 중 막내로 태어났다. 나의 외조모 김윤화는 김제에서 유명한 만석꾼 김진사 댁 딸로 집에서 동네 여성들을 위해 서당을 열어서 가르치기를 좋아했던 사람이었다. 그 영향을 받아 어머니도 외조모가 가르치는 서당에서 한학 공부를 했다.
　부모님의 만남은 김제 금산사의 화주 보살로 친분이 있었던 양가 모친의 주선으로 이뤄졌다. 맞선을 본 후 1952년 3월, 신태인에서 결혼하고 군산 신흥동으로 이사를 했다.

　첫째 딸이자 나의 언니인 황선숙은 1952년 음력 11월 19일에 군산 신흥동에서 태어났다. 언니의 태몽은 '잉어가 강에서 바다로 가는 꿈'이었다고 한다. 둘째 딸인 나, 황현숙(본명)은 1954(원기39)년 음력 8월 28일 전북 신태인읍 청천리 12 상서골에서 태어났다. 옆집 할머니가 산파역할을 해 주어 순산을 한 언니와는 다르게 나는 처음 세상을 만나기가 수월하지만은 않았다고 한다. 큰집 할머니와 친할머니가 맞이해 주었는데 어머니가 출혈이 너무 심해서 걱정을 많이 했다고 들었다. 임신 중에 어머니는 꿈에 실뱀들이 많이 나타나서 힘이 들었는데 출산 무렵 태몽에 '푸른 용이 하늘로 올라가는 상서러운 꿈을 꾸었다'고 한다.

　1956(원기41)년 음력 8월 14일에 남동생이 태어났다. 어머니의 태몽은 외갓집 뒤주에서 '천도복숭아를 보았다'고 했다. 남자라서 부모님이 좋아했다. 신흥동 옆집 할머니가 산파를 해 주었다.

　그런데 나는 남동생에게 질투가 나서 어머니가 외출하려고 화장을 하면 그 옆에서 "아따 건네 (참 예쁘다는 표현)" 하고 말을 하였다고 한다. 항상 어른들은 남동생과 나를 비교하면서 키 재기를 하려고 종종 우리 둘을 나란히 세웠던 기억이 난다. 동생과 비교 되는 것이 별로 좋지 않은 경험이었다.

　1957(원기42)년에 군산역 부근에 있는 선양동으로 이사했다. 어려운 사람들이 옹기종기 살고 있는데, 그 시절 주 놀이터는 대장간이 있는 용접하는 곳이었다. 나에게 잘 해주었던 선한 인품의 용접공 아저씨는 눈 하나가 없었다. 선한 사람들이 모여 살던 동네지만,

생활의 어려움 때문인지 종종 밥을 먹고 있다가도 밥상을 던져버리는 등 다툼을 했다. 사람들의 고단한 모습은 어린 나에게도 슬픈 감정이 들게 했다.

1958(원기43)년에 명산동으로 이사를 갔는데 새 집에서 산다는 것이 기뻤다. 마당 앞에 꽃도 키우고 그 전에는 공동 우물을 사용했는데, 새 집에서는 우리 빨래터가 있어서 좋았다. 음력 11월 27일 막내 동생 황진수가 태어날 때 외할머니가 손녀 딸 영옥이 언니를 데리고 왔다. 막내 동생 진수 태몽은 친할머니가 대신 꾸었다고 하는데, 상서골에 큰 어른이 서너살 된 아이를 데리고 와서 툇마루에 올려놓고는 '조상님이 오셨다고 하는 꿈을 꾸었다'고 한다. 추운 날이라서 아랫목에 누운 어머니는 신음하며 고통스러워했다. 외할머니와 아버지가 진수를 받았다. 그런 중에도 나와 영옥이 언니는 이야기하면서 윗목에서 화롯불에 밤을 구어 먹었다. 참 행복했던 기억

어린 시절의 나

들이다. 나는 새로 태어난 예쁜 아기에 빠져 있었다. 진수 돌잔치에 친할아버지가 오셨다. 나는 기분이 좋아 같이 다니면서 방앗간에서 떡을 빼는 것을 보고 신기해했다. 어머니 생일 때는 익산, 감곡, 서울에 사는 이모들이 모여 재미있게 지냈던 기억이 난다.

  나의 어린 시절을 돌이켜 본다. 금생의 부모인 황호봉 아버지와 김부순 어머니의 인연을 맺게 해 준 곳이 바로 김제 금산사인데, 대종사님께서도 일본 경찰의 감시를 피해 금산사에 오시어 송대 문틀 위에 일원상을 그려 붙인 일화가 있는 곳이다. 정산종사도 소태산 대종사를 만나기 전에 금산사 옆 암자인 대원사에서 지냈다. 대산종사도 종법사 위에 오르기 전 금산사 옆 원평 구릿골에 머물면서 적공을 하였다. 아버지 고향이자 네 명의 자식 중 유일하게 내가 태어난 상서골 우리 집의 뒷산인 명금산이 모악산 자락으로 내려오는 곳이라는 것도 모두 전생의 인연이 아닌가 생각한다.

이방인
- 초등학교 시절 기억들

임연희와 나

1960(원기45)년에 군산 중앙초등학교에 입학했다. 그 해 이승만 대통령의 3.15 부정선거를 계기로 마산에서 그 당시 중학생이었던 김주열 학생이 최루탄에 맞아 숨진 사건이 있었다. 전국적으로 이승만 정부 반대 운동이 들불처럼 일어났다.

서울에서는 4월 19일 고려대 학생들을 필두로 대통령 퇴진 운동이 일어났고, 시위 진압 과정에서 경찰의 발포로 다수의 학생들이 사망했다. 결국 이승만 대통령은 하야하여 하와이로 망명했다. 이런 시국에 나는 초등학교에 입학했지만 수업에 그다지 흥미를 느끼지 못했다. 특히 신입생 입학식에서 '열중 셧' 하는 구령에 맞춰 행동해야 하는 것이 마음에 내키지 않았다. '왜 해야 하는지'라는 생각이 들어서 힘들었다. 담임인 신금석 선생이 잘 인도해 주고, 다독여 줘서 적응을 할 수 있었다.

학교 수업에는 취미가 없었지만 집에서 아버지와 함께 신문을 읽고 현재 시사에 대하여 대화를 나누는 것을 무척 좋아했다. 아버지는 젊은 시절 사회 운동을 했기 때문에 급변하는 한국 정치 상황에 대해서 주의 깊게 주시하고 있었던 것 같았다. 그리고 그런 사회를 보는 눈을 나에게도 뜨게 해 주고 싶었던 듯하다. 아버지와 대화 방식은 삼단 논법인 정·반·합의 형식이었다.

정(正)으로 사회의 현재 상황을 보고, 반(反)으로 그 사회 현상 이면에 있는 것을 보게 하고, 합(合)으로 그 정과 반을 합할 수 있는 힘을 길러야 한다는 식이었다. 이런 아버지와의 시사 토론이 나에게는 당시 초등학교 수업보다 훨씬 재미있고 유익했다.

이런 나를 알아보신 선생님들은 어떤 새로운 사회 뉴스가 나오면 나보고 일어나서 발표를 하라고 할 정도로 학교에서는 시사를 잘 아는 아이로 유명했다. 학교에 가면 아침 도시락을 먼저 먹고 잠을 자곤 했는데, 언니와 함께 입학하여 다른 학교로 전학 할 수 없어 집과 가까운 금광초등학교와 군산초등학교를 두고 중앙초등학교까지 십리 길을 걸어 다녔기 때문이다. 또 다른 이유는 어머니를 따라서 새벽 기도에 갔기 때문이다. 추운 겨울에 산을 지나서 군산 교당까지 가서 참석은 했어도 졸거나 자기를 밥 먹듯했다. 그래도 기도 마치며 부르는 아침 기도 노래가 참 좋았다.

학교 오전 수업시간에 한숨 자고나서 텅 빈 운동장을 보며 창가의 햇살을 쬐고 있으면 카뮈의 소설 '이방인' 같다는 생각이 들었다. 나는 그 순간을 즐겼던 것 같다. 3학년 담임인 윤순례 선생이 숙제를 안했다고 혼을 내자 울고 말았다. 그 뒤로 아이들은 나를 '황우네미'라며 놀려댔다. 이런 일로 '황우네미'는 나의 별명이 되었던 기억도 새록새록 하다.

양계석이라는 친구가 생겨서 집 중간에 있는 그 애 집에 가면 열심히 가족들을 돌보는 동생과 언니까지 챙기고 있는 모습이 어미새 같았다. 어린데도 설거지, 빨래까지 하고 있었다. 어머니는 춤바람 때문에 돌아다녔다. 이런 착한 친구가 결혼을 해서 힘들게 살다가 자궁암으로 세상을 떠났다.

아버지는 방학 때면 상서골로 우리를 데려 가곤했다. 군산역에서 익산까지 가는 기차를 타고 익산역에서 김제 방면으로 기차를 갈아타고 김제를 지나 감곡역까지 가는 여정이었다. 감곡역에서 20리 길을 걸으면 명금산 자락에 있는 할아버지 댁이 나왔다. 그 사이에 감곡역 근처 이모 집에서 인사하고 걸어서 모산에 있는 친할머니 집에 들러서 인사드리고 상서골 작은아버지 댁에 갔다. 모산 친할머니 가족들은 10필지 정도의 땅을 가진 지주 집안이었다. 반면 친할아버지는 장터를 다니시는 보부상 출신이었다. 그래서 친할머니 쪽에서는 별로 좋아하지 않았던 기억이 있다.

　가는 길에 아버지가 지역과 건물이며 역사에 대해서 가르쳐 주셨다. 모산 친할머니 댁에 가면 삼촌 식구들이 반갑게 대해 주었다. 이섭이 삼촌과는 서울에 있을 때 동생들 시험이나 언니의 이야기 등 서로 안부를 전했던 생각도 난다. 상서골은 황씨 집성촌이라 종가집에 인사를 드리는 것이 관례였다. 안부를 묻기도 하고, 재미있는 윷놀이, '무궁화 꽃이 피었습니다' 등을 했던 좋은 추억으로 남아있다.

김제 상서골 황씨 집성촌

나에게 형제 자매들은 아주 특별한 인연이다. 두 살 터울 위로 언니인 황선숙이 있고 두 살 터울 밑으로 남동생, 그리고 네 살 터울로 막둥이 진수가 있다.

1961(원기46)년 어느 날에 기억할만한 사건이 일어났다. 언니가 나와 진수를 데리고 나갔다가 솜사탕 아저씨의 재주를 보다가 진수를 잃어버렸다. 당시 진수는 4살이었다. 하얀색 러닝셔츠와 흰색 고무신을 신고 있었던 진수를 찾으러 다녔다. 하루 종일 다녔는데 익산에서 온 금자 언니까지 합세하여 같이 찾아 다녔다. 이리저리 찾아다니다가 진수가 잃어버린 곳에서 5리 정도 떨어져 있는 백화양조 골목길을 걸어 다니면서 울고 있는 진수를 찾아왔다. 동생을 잃었을 때의 상실감은 지금 생각해도 아찔한 기억이다. 다른 형제들보다 막내가 더 특별했던 이유는 어머니 뱃속에서 밖으로 나오는 과정을 내가 옆에서 직접 보고 어머니와 함께 낳았다는 생각이 들어서 일 것이다.

우리 어머니는 가족들이 각각 무엇을 좋아하는지 파악하여 개별적으로 정성을 들여 주었다. 일례로 다른 가족들은 육고기를 좋아하는데, 나는 어쩐지 육고기를 잘 먹지 못했다. 그것을 보고 어머니는 나를 위해 꼴뚜기 젓갈을 내 몫으로 해 주었다. 비단 나뿐만이 아니라 다른 가족들에게 모두 각자 좋아하는 것을 알고 챙겨 주는 정성스럽고 섬세한 분이었다. 항상 기도 정성으로 살아가신 어머니는 원불교를 만나기 전에는 부엌(부뚜막 뒤) 조왕신에게 정화수를 올려놓고 늘 기도를 했다. 추석이나 설날, 대보름에는 성주신에게 성주밥을 올리고 감사기도 하는 것을 좋아했던 기억이 난다. 그리고 평소에 음식을 많이 해서 옆집과 나누는 것을 좋아했다.

어머니는 친척 중 원광대학교에 다니는 김정관으로부터 원불교를 소개 받아서 군산교당에 다니기 시작했다. 초등학교 때는 어머니와 함께 교당에서 일요법회에 참석했다. 법회 식순 중에 법의 문답 시간이 너무 좋았다. 특히 정관응 교도가 재미있게 해 주어서 교당 가는 것이 좋았다.

1964(원기49)년의 기억들이다. 교실 뒤쪽에 앉아서 공부보다는 책을 보거나 상상의 나래를 펴곤 했다. 이때 아버지에게서 받은 '현숙(賢淑)'이라는 이름보다 새로운 이름으로 했으면 하는 생각이 떠올랐다. 자기 스스로 이름을 바꾼다는 것은 쉽지 않은 일이지만 나는 내 운명을 바꾸고 싶다는 생각이 들었다. 그래서 옥편에서 날 '日'자와 글월 '文'이 합친 글자를 보고 '旻淑'이라 지어봤다. 천지가 함께 글을 쓴다는 생각이 들어 아버지께 말씀드리니 괜찮다고 해서 '민숙'이가 되었다. 이때부터 나는 '현숙' 과 '민숙'이라는 두 이름으로 살았다. 이렇듯, 나에게 아버지는 내 생각을 존중하고 이유가 타당하면 허락해 주시는 든든한 후원자였다.

원기 52년(1967년)에 원불교 법명을 '민정'(旻正)으로 받았다. 지금도 '旻'이라는 글자가 내 이름으로 되어 고맙게 생각한다.

1965(원기50)년 6학년이 됐다. 중학교 입시가 있었던 시기라 군산여중학교에 가려면 시험을 봐서 반에서 70명 중 15등 안에 들어가야 했다. 평소 학교 공부에 소홀했던 터라 과외를 해야 했다. 과외는 6학년 담임 선생님이었던 김이중 선생 댁에서 5~6명이 늦은 시간인 10시까지 했다. 선생님 자택이 집과 거리가 있어서 과외 공부

이후에 걸어서 집에 가려면 항만을 지나고, 군산 시내를 통과해야 했다. 인적이 드물어 그 쓸쓸함과 황망한 광경을 보며 과거 일제 강점기를 떠올리며 삶에 대한 통찰을 했었다. 내 점수가 중간이라서 군산여중에 갈 수 없었다. 담임선생이 어머니와 면담을 했는데 나는 떨어져도 가겠다고 했다. 다행히 합격했다.

초등학교 시절을 되돌아보면 어머니 따라 아침에 새벽 기도하고, 아버지 따라 월명공원에 가서 걷고 운동한 후에 밥 먹고 학교에 가면 공부보다는 잠을 주로 자고, 하굣길에 서쪽 하늘의 노을을 보면서 이방인과 같은 삶이라 생각했다. 항상 혼자 걷고 걸으면서 내가 왜 여기에 있는지에 대한 의문을 품기 시작한 시절이었다. 그래도 나를 믿어준 부모님 덕분에 어긋나지 않고 나아갈 수 있었다.

돌아선 나한(羅漢)
- 중·고시절 기억들

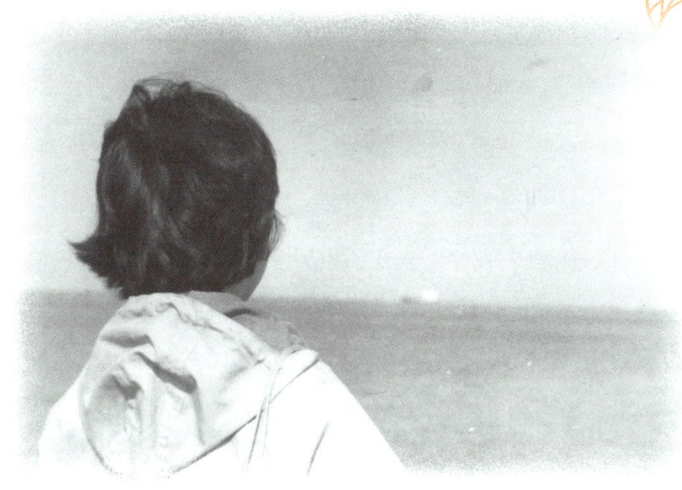

친구 양계석과 나

1966(원기51)년 군산여중 1학년 시절 아침 등교 시간이면 개정, 대야, 임피, 오산에서 기차를 타고 오는 학생들, 배를 타고 오는 장항 학생들, 옥구 비행장 쪽 학생들, 나운리 학생들 등 군산 주변과 가까운 시골에서 다양한 학생들이 모였다. 그런 학생들과 교류하며 사고의 폭이 다양해지고 넓어져서 좋았다.

그 당시 군산교당에는 산타원 고현종 주임교무와 보타원 심창덕 부교무가 근무했다. 교당 학생회가 20~30명 정도 있어서 탁구대회도 하고 항상 시끌벅적 했다. 학생회 출신 친구는 선유도 출신 임순희와 임연희라는 군산 삼풍백화점 주인 딸도 있었다.

영화 보기도 즐겨했는데 남포극장에서 근무하던 용배네 아빠가 영화를 볼 수 있도록 해 주어서 감사했다. 초등학교 시절에 비해 경험의 다양성과 사고의 폭은 넓어졌지만 오히려 그런 경험으로 내적 고민은 더욱 깊어지고 그 당시 쇼펜하우어의 '염세주의 사상'에 심취해 있었다. 혼자 다니면서 존재 이유에 대한 생각이 깊어졌다.

방학 때 아버지를 따라 상서골의 감곡 이모집에 가면 사촌들이 있었는데 나와 동갑인 셋째 이모 딸인 박혜자와 제일 친했다. 상서골에 있는 삼촌들과도 이야기를 많이 했고, 상서골에 사촌, 육촌들과도 함께 재미있게 잘 지냈다.

1967(원기52)년 중학교 2학년 때 상서골에 가서 큰 고모 딸인 정자 언니의 남편인 형부(원평집)와 사촌 동생 선옥(당시 초등학교 6학년)이와 함께 쇠락한 모습의 금산사에 갔다. 다른 절 부처는 앉아 계시는데 미륵전 큰 부처(미륵불)가 서 있었다. 금산사는 친할머니와 외할머니가 화주 보살이었는데, 친할머니와 친척들은 오백나한

전에 가서 미래 결혼할 사람을 점쳐 보는 것을 즐겨했다. 우리는 오백나한전으로 갔다. 허물어질 것 같은 나한전에서 선옥이부터 먼저 자기가 하고 싶은 위치에서부터 자기 나이를 세어서 11번째(당시 선옥 나이)를 보니 그 나한은 곰보였다. 선옥이 동생이 화가 나서 다시 하라고 하니 자기는 안하겠다고 했다. 내 차례가 되어서 세어 보니 오백 나한 중에 내가 지목한 나한은 뒤로 돌아앉아 있었다. 500개 나한상 중에 돌아선 나한은 한 분뿐이었다. 나는 그때 출가해야 할 운명인가 보다고 생각했다.

형부가 다시 해 보라고 했지만 안했다. 그 후 선옥이와 결혼한 사람이 곰보여서 희한하다고 생각을 했었다.

1968(원기53)년 중학교 3학년에 올라갔다. 가족들은 아침에 월명공원에 가서 운동하고 내려와서 아침밥을 먹었다. 아침에는 아버지가 사과 4등분으로 나누어서 밥을 먹기 전에 먹었다. 그리고 어머니가 경옥고 큰 통을 가지고 오면 가족들이 수시로 먹었다. 아버지는 운동을 권하여 건강을 항상 챙겨주었고, 어머니는 영양 음식으로 챙겨주며 고등학교 입시에 전력할 수 있도록 물심양면으로 도움을 주었다. 그런 든든한 지원을 바탕으로 군산여고 입시 결과 합격하였다.

1969(원기54)년에 시험을 보고 군산여고에 들어갔다. 1학년 때 고전 독후감을 군산고등학교에서 실시했는데 내가 학교 대표로 나갔다. 불교성전 중 법구경에 대해서 발표하여 상을 받았다. 법구경 중 '무소의 뿔처럼 당당하게 혼자서 가라'는 구절을 읽고 앞으로 내가 출가하리라는 생각을 했다.

어머니는 나를 출가할 사람이라고 확신을 하셨다. 그 이유로 교당 아침 기도에 꼭 데리고 다녔다. 하지만 나는 원불교학과로 가기 전 동국대 불교학과를 먼저 진학한 후에 가기로 마음속으로 정하고 책을 많이 읽었다.

내가 희망 학과를 불교학과라고 하니 사람들이 이상하게 생각했다.

1970(원기55)년 고2 때 많은 학생들이 교당에 와서 함께 탁구대회도 하는 등 법회가 활성화됐다. 당시 부교무인 심창덕 교무가 여름방학 때 총부 정화원에서 훈련을 하는데, 군산교당 학생회 교화부장으로서 회장, 부회장, 각 부서장들과 함께 익산에 가서 신조실

군산여고 시절(제주여행)

이 신축되었으니 복숭아를 사서 공양을 하고 조실에 인사도 하라고 했다. 전주교당 학생들도 많이 있어서 2층에서 법회를 봤다. 운산 김윤중 법무실장과 많은 교무들과 대산종법사와 함께 법회를 보던 중 종법사께서 나와 임순희를 지적하며 "뒤에 있는 두 사람 일어나라"고 해서 놀라서 일어났다. 평소에 얌전한 부회장 임순희(선유도 출신으로 오빠 인연으로 원불교에 입문하여 공부도 일도 잘했다)와 내가 일어나 있는데, 종법사께서 "너희들 전무출신 할 생각이 있느냐"고 물었다. 나는 그 말씀에 속으로 '성현의 말씀에 감사하다'는 생각이 들었고, 그런 중에도 중2 때 금산사에서 봤던 돌아선 나한상이 생각났다.

심창덕 교무와 함께(군산여고 시절 교당 학생회)

그런데 나는 동국대로 가야할 상황이었다. 그래서 아무 말도 못하고 그 친구와 함께 앉아 버렸다. 그 후 같이 갔던 교당임원들이 얼굴에 '중' 기운이 어렸다고 말했다.

본타원 양혜경 교무(당시 군산교당 주임교무)도 "종법사님께서 평상시에는 그런 말씀을 안 하시는데, 왜 그랬을까"라고 했다. 자식들이 서울로 진학을 하자 아버지는 서울 서대문구 홍은동 문화촌에 집을 마련했다. 언니가 군산여고 졸업 후 서울에 있는 회사에 입사하여 홍은동 집에서 다니고, 상서골 고모가 서울에 와서 밥을 지어 주었다.

1971(원기56)년 나는 고3으로 군산여고 인문계반에서 공부를 했다. 큰동생은 서울고등학교로 진학했다. 막내 진수는 휘문중학교 2학년에 들어갔다. 아버지가 일주일에 한 번 씩 내려와서 하루 밤을 자면서 자녀들의 장래 진학에 대해서 대화를 나누곤 했다. 학력고사를 합격하고 진로를 모색 했는데 정치적 문제에 관심이 있어서 신문방송학과로 진학하여 기자를 할 생각으로 시험에 응시했으나 떨어지고 말았다. 아버지께 재수를 한다고 하였을 때 아버지께서는 나를 믿고 허락을 해 주었다. 내가 정한 일들은 아버지께서 무조건 밀어주었다. 그것이 너무 감사했다.

1972(원기57)년 서울에서 종로 쪽 재수 학원에서 공부하던 중 정치적인 면에 관심이 많아 공부보다는 대학생들과 한국 정치의 미래에 대해 대화하는 일들이 많았다. 한국은 박정희 대통령의 독재(10월 유신, 유신 헌법 및 체제)가 심해서 힘들었던 시대였다. 우리나라의 장래에 대해 걱정이 많아서 방황을 했다. 이런 일들로 공부

를 안 하고 있다가 또 낙방을 했다. 고배를 마시고 나니 어쩔 수 없다는 생각이 들었고 이 길이 내가 가야할 길이 아니라고 생각했다. 내년에는 동국대학교 불교학과로 가야겠다는 생각을 했다. 그래서 아버지께 동국대 불교학과로 간다고 말씀을 드리니 그러면 그렇게 하라고 하였다. 지금 생각해 보면 아버지는 절대적으로 나를 믿어 준 것 같았다.

막내 중학교 졸업식

1973(원기58)년 동국대학을 목표로 삼수생으로 공부하면서는 치열한 입시 공부보다는 혼자서 서울 곳곳을 다니면서 구경을 했다. 서울을 감싸고 있는 명산들인 북한산, 도봉산, 불암산과 그 산속에 있는 사찰들을 둘러보면서 풍수적으로 명당이라는 생각을 했

다. 어느 날 버스를 타고 가는데 남대문에서 한국은행까지 짧은 거리인데도 불현듯 한 생각이 일어나 한 순간에 우주가 하나로 보였다. 공적영지(空寂靈知)의 구슬처럼 보였다고나 할까 그때의 기억을 지금도 잊을 수가 없다.

  1974(원기59)년 1월 동국대 불교학과 합격 발표가 났다. 결국 내가 갈 길을 찾았다는 생각이 들었다. 합격 발표 전 어느 날 아버지께서 꿈에 내 발을 씻어 주었다. 꿈에서 깨어나 합격이 될 것 같다는 생각이 들었다. 아버지가 동국대 불교학과를 간 것에 '흡족해서 그랬나'하는 생각이 들었다. 결국 아버지가 바라셨던 것은 '내가 스스로 출가의 길을 선택하는 것'이라는 사실을 알게 되었다. 그리고 학창시절부터 방황하였던 나를 끊임없이 지지해 주고 지켜봐 준 아버지의 뜻을 조금이나마 알 수 있었던 것 같았다. 결국 아버지의 사랑과 관심은 나의 학창시절 14년간의 고민과 번민의 종착역인 동국대 불교학과로 인도해 주어 불도를 닦아 나아가는 초입에 다다르게 해 주었다.

동국대 입학식

동국대 불교학과 시절 1
- 한국불교학 거목 병고(丙古) 고익진 박사

고익진(뒷줄 오른쪽에서 두 번째)교수와 함께

1974(원기59)년 나는 고익진 교수 밑에서 공부를 할 수 있었던 것에 무한한 감사와 다행을 느낀다. 왜냐하면 불법이라는 바다가 너무나 방대하고 거대하여 자칫 길을 잘못 들면 길을 잃기 쉽기 때문이다. 어찌 보면 바다 한 가운데 눈 먼 거북이가 나무 토막을 만난 듯한 비유가 어울리는 귀한 인연이었던 것 같다.

1년 선배 박경준이 당시 조교수였던 고익진 선생 집에 데리고 가서 일주일에 한 번 씩 있는 불교 공부 모임에 참석시켜 준 것이 인연이 되었다. 그 모임에 광주 출신 서울대 학생들 10여 명이 아함경을 공부했다. 고익진 교수는 전남대 의대생으로 공부하다가 병이 깊어져 어머니가 세운 절인 광륵사에서 요양 중에 반야심경을 읽다가 '무안이비설신의'라는 구절에서 '부처님께서 눈이 있는데 왜 눈이 없다고 하였을까?' 하고 의문이 걸렸다. 그 의문을 해결하기 위해서 이것저것을 찾아보다가 결국 산스크리트어로 된 반야심경을 독학으로 공부한 후에 의문을 해결하였다. 그 후 동국대 불교학과에 늦

서울대 아함경 공부팀

은 나이로 들어와 학사 과정을 거치고 '아함법상의 체계성 연구'라는 석사 논문을 쓰고, 박사 과정 중에 우리를 공부시켜 주었다. 고익진 교수는 인도의 산스크리트어가 한문으로 번역되면서 많은 번역상 오류가 발생하였기 때문에 원어인 산스크리트어를 공부해야 부처님의 올바른 뜻을 알 수 있다고 항상 우리에게 경을 볼 때 원어에 대한 주의심을 가지고 보라고 해 주었다.

나는 고익진 교수가 연구원으로 있는 동국대 불교문화연구소에 출퇴근을 할 정도로 거기서 하루 종일 공부도 하고 일도 도우면서 고익진 교수와 이만 선배의 가르침을 받을 수 있었다.

고익진 교수의 강의는 다양하고 깊이가 있었다. 1학년 시절 교수님 집에서 함께 아함경을 공부했고, 2학년 때 반야심경을, 3학년 때는 원희범 인도철학과 교수와 함께 산스크리트어로 반야심경을 공부할 수 있었다. 4학년 때 법화경을 공부했다. 고익진 교수는 "불교학 공부는 반드시 아함, 반야, 화엄 그리고 법화사상으로 보아야 한다"고 하고, "법은 개별법으로 보아서는 안 되고 반드시 법문 즉 법들의 집합들로 보아야 한다"고 했다. 예를 들면 아함경에는 무수한 법들이 있는데, 그 법들은 십이처(十二處), 십업설(十業說), 육육법설(六六法說), 오온(五蘊)사제(四諦)법설, 12연기(緣起)법설로 정연하게 깊어지는 단계 법문이라고 하였다. 그리고 12연기 법설에서 제일의공경(第一義空經)으로 연결되고 그것이 반야경의 초입이라고 했다. 최상승법인 반야 공(空)사상은 다시 십지경(十地經)에서 10가지 보살들의 실천 단계로 재편되고 8지(地) 불퇴전(不退轉) 보살들의 지혜바라밀과 방편바라밀을 닦는 과정이 법화경(法華經)인 것이다.

이러한 초기불교부터 대승불교까지 연결시키는 정연한 논리는 불법의 바다에서 헤매지 않고 나아갈 수 있는 눈을 가질 수 있도록 해주었다.

특히 법화경을 영어로 공부하는 시간은 긴장이 되었다. 왜냐하면 공부모임 참가자들이 서울대 법대 출신인 법성스님과 인도철학과 스님 등 모두 엘리트들이어서 그 속에서 내가 발표를 해야 하기 때문이었다. 하지만 그러한 긴장 속에서도 법화경이 가지고 있는 부처님의 구원 사상인 일불승(一佛乘)과 수기(受記)법문을 소태산 대종사의 법신불 일원상과 사은사상과 비교하면서 재미있게 공부할 수 있었다. 그 영향을 받아서 학사 논문을 일불승과 여래장(如來藏)을 주제로 한 '승만경에 나타난 여래장 사상'으로 썼는데 고익진 교수가 석사 논문 수준이라고 칭찬해 주었다. 그것이 계기가 되어 '여래장 사상'에 매료되었고 '여성 성불론'에 대한 공부도 했다. 논문을 쓴 후 졸업 때까지 고익진 교수와 함께 전국 사찰을 다니면서 당신의 박사 논문인 '한국 고대 불교 사상사' 자료 수집차 절에 보관되어 있는 목판 장경 판각 등을 조사했다.

돌이켜보면 내가 고익진 교수와 사제의 인연이 된 것은 신문 기자를 목표로 삼수를 해서 동국대에 들어왔기 때문인데 결과적으로 그것이 전화위복이 된 것이다. 그리고 나의 뜻을 전적으로 지지해 주고, 4년 대학 과정 동안 수업료와 교재비 그리고 수많은 참고 서적을 사 볼 수 있도록 충분히 뒷바라지해 준 아버지에게 참으로 감사하다.

동국대 불교학과 시절 2
- 선지식들과 만남, 교(敎)와 선(禪)

경봉스님과 함께

1학년 신입생 중 두 명의 여학생이 있었는데, 나와 이현숙이었다. 기숙사 생활을 같이 하면서 많은 대화를 나눴다. 학생들의 모임 중 불교학생회가 있어서 가입하고 활동을 했다.

한 겨울엔 통도사에서 수련대회를 가졌는데, 열흘 동안 영축산에 머무르며 경봉 큰스님에게 계를 받고 통도사 위에 있는 극락암에서 수련을 했다. 경봉스님께서 법명을 주며 "전 세계에 불교를 전파하라"면서 불명을 '도광'(道光)이라 내려주었다.

1974(원기59)년 겨울에 언니와 형부는 명동에 가서 금강제화 신발을 선물하고 뉴욕으로 떠났다. 이 무렵 어머니는 군산교당 교리강습 차 온 동산선원장인 공타원 조전권 교무에게 아들의 대학 합격을 위한 기도를 부탁했다. 그 원력 덕분인지 큰동생이 1976(원기61)년에 서울대 경제학과에 들어갔다. 1년 동안 기도를 해 주셨는데

뉴욕으로 떠나기 전 언니와 함께(덕수궁)

공타원 종사는 그해 5월 열반 하였다. 이 경험으로 어머니는 신앙이 깊어지고 기도의 위력을 체험하는 계기가 되었던 것 같다.

1975(원기60)년 홍정식 학장의 불교개론 강의를 들을 때 '무여열반'과 '유여열반'에 대한 생각이 났다. 황성기 교수는 2학년 때 구사론을 강의했는데 수원에 있는 당신 절까지 초대해 주어서 고마웠던 기억이 난다. 유식학을 가르친 오형근 교수는 강의도 잘 하였고, 삼론학 김인식 교수와 김동화 총장의 강의도 좋았다. 4년 동안 탄허스님은 동국대 뒷동산 위에 있는 절에서 '선' 실습을 해 주었다.

해인사 수련대회

탄허스님이 처음으로 강증산의 해원사상에 대하여 강의를 해주었는데 나로서는 충격적이었다. 해원이라는 그 의미가 무엇일까? 하는 의문을 품고, 조계사 부근 수운회관에서 최제우 신사에 대한 공부를 했다. 최제우 신사와 강증산 천사의 해원사상, 그리고 소태산 대종사를 어떤 맥락에서 파악할 수 있을까? 하는 의문이 깊어졌다. 동국대 4년 동안 소태산 대종사를 어느 성현의 반열 위에 올릴 것인가에 대해서 끊임없이 생각했다.

동국역경원장인 운허스님이 있는 경기도 남양주에 있는 봉선사에서 겨울 선방 수련대회를 불교학과 2, 3, 4학년이 합동으로 훈련했다. 학생들 모두 운허스님과 독대 하는 시간을 가졌다. 나는 마지막 순서였다. 독대한 자리에서 스님이 나에게 "이 산하가 다 너의 업이다"라고 하였다. 이 말씀은 나에게 큰 화두거리였다. 왜 그렇게 이야기 하셨을까?

2학년 말쯤 전남 순천에 있는 승보사찰인 송광사에 가서 구산 방장 스님 밑에서 선 훈련을 했다. 선을 나면서 고려시대 때 선종과 교종의 다툼으로 혼란한 불교계를 정화하기 위해서 보조스님의 정

남해 보리암(대학시절)

혜결사 운동에 대해서 결국 선종을 통한 교종의 통합 운동에 대해서 깊은 성찰을 하였다. 또 바로 옆 강진 백련사에서 선과 교 모두 민중들에게는 다가가기 어려우므로 염불인 '나무아미타불'을 통한 결사운동인 백련결사를 원묘국사 요세스님이 하였던 것을 알 수 있는 좋은 계기가 되었다.

1976(원기61)년 3학년이 되자 과대표의 책임을 맡았다. 이때 여학생이 들어왔다. 건국대 의상학과를 졸업한 김순금으로 학사 편입을 해서 오롯하게 공부를 잘 했던 사람이다.

이종익 교수와 지관 스님(전 총무원장)은 '보조스님과 임제스님과의 관계'를 놓고 수행 방법에 대한 치열한 논쟁을 했다. 이종익 교수로부터 주역과 정역을 배울 수 있는 행운도 있었다. 이런 공부들이 계기가 되어 후에 뇌출혈로 쓰러질 때 의식을 놓지 않고 바라볼 수 있도록 나를 인도해 주었다고 생각한다. 김영태 교수의 '한국 불교사' 수업을 받으며, 한국의 맥락이 원불교로 연결되는 과정에 대

지관스님과 함께

하여 생각을 많이 했다. 불광사에서 이부영 교수(서울대 심리학)의 강의를 듣고 무의식을 확장하는 공부인 아라야식에 대하여 공부하면서 '장(藏)' '유식' 그리고 '융'에 대한 공부를 했으며, 티벳 〈사자의 서〉를 읽었다.

3학년 때 수학여행은 김인식 교수와 여자 3명, 남자 3명과 함께 '관세음보살 신앙 연구'를 위해 남해 보리암, 전등사, 낙산사 해수관음상, 강화 보문사를 다녀왔다. 겨울 방학 선 훈련 때는 해인사에서 성철스님의 중도사상에 대한 법문도 들을 수 있어서 좋았다.

박정희 대통령 유신시대라서 너무 힘든 상황이었는데, 학과 대표라서 교우들과 함께 카페에서 이야기를 하는데 어떤 사람이 들어와서 자신이 대학 선배라며 이런 저런 이야기를 했다. 알고 보니 중앙정보부에서 학교로 파견된 요원이었다. 그후 한 두 달 정도 숨어

법정스님과 함께(불일암)

다녔다.

  4학년 때는 법정 스님의 불교 종립학교 교재 편찬을 돕기 위해 불일암에서 열흘 동안 교정 작업을 돕는 행운도 얻었다. 군사 독재의 엄혹한 시대에 법정 스님의 민주화 운동을 위해 헌신하는 모습을 보고 실천적 불교의 모습도 볼 수 있었다.

  동국대학교 불교학과 4년 동안 무수히 많은 선지식들을 두 부류로 나누면 '교학과 선학'이라고 볼 수 있다. 그러나 이 두 가지는 중생을 구제하기 위한 하나의 방편이라고 할 수 있다. 결국 중요한 것은 어떻게 먼저 나부터 실천하고 대중들을 위해서 실천하게 하는 방법이 무엇인가를 생각했다. '남녀노소 누구나 쉽고 빠르게 하는 방법이 무엇일까'라는 고민을 했던 소중한 기간이었다.

아버지 열반과 팔삭둥이 제임스

아버지와 함께 한 동국대 졸업식

1978(원기63)년 2월 초, 동국대학교 졸업식에 아버지가 참석했다. 대학 4년 동안 묵묵한 뒷바라지와 책을 볼 수 있도록 경비도 많이 준 아버지의 공덕에 감사했다. 3월 초 서울대 자연계 계산통계학과에 좋은 성적으로 들어간 막내 황진수 입학식에 아버지, 어머니, 큰 동생과 함께 참석했는데, 3월 말 아버지 건강이 나빠졌다. 군산 항만 근처 김이비인후과에서 검사를 하고 이상하여 배를 열어 보니 위에 암이 많이 전이가 되어 수술이 어렵다고 했다. 시한부 3개월 판정을 받은 아버지는 상서골로 내려갔다. 어머니도 병간호를 위해 상서골로 갔다.

나는 비어있는 군산 집으로 내려 왔다.

아버지는 병환이 있기 1년 전 서군산교당 교도회장이 되었고, 군산교당에서 태타원 송순봉 종사의 교리 강습을 열심히 받았다.

막내 동생 서울대 입학식

상서골 요양시에도 그 공부를 놓지 않기 위해서 신문지에 붓으로 정전을 썼다. 아마도 가실 준비를 하신 듯하였다. 그리고 상서골에서 감나무 밑에 앉아서 생로병사에 대한 법문을 우리들에게 해 주었다.

아버지는 "사계절이 바뀌는 것처럼 생로병사도 마찬가지다. 나는 마지막 여름을 보내고 떠나는데 내가 할 수 있는 만큼 할 수 있어서 감사하다. 우리 식구 먹고 살 만큼은 되니 걱정 없이 갈 수 있을 것 같다"는 말씀에 우리도 "감사하다"고 말했다. 나는 열심히 아침 저녁으로 기도하면서 아버지와 삼세 부모 조상 전에 기도를 올렸다. 아버지는 참으로 당당하고 멀리 보는 분이고 정확했다. 음력 10월 16일에 열반했다.

나는 아버지가 열반하기 하루 전날 밤 군산에서 꿈을 꾸었다. 꿈속에서 아버지가 군산 집으로 들어왔다. 내가 깜짝 놀라면서 "어떻게 오셨어요?" 하니 "인사하러 왔다"고 하였다. 그래서 "어디로 가실건가요?" 하니 "선숙(미국 언니)이 한테 간다"고 하였다. 그래서 "그럼 잘 가세요"하고 꿈에서 깨어났다.

아침에 바로 첫 기차로 상서골로 가서 오전 10시에 도착하여 보니 열반하기 전으로 남동생들과 어머니가 아버지 곁을 지키고 있었다. 나는 마지막 인사를 했다. 복수가 차 부어올라서 너무 힘들어 하면서 내가 도착한 1시간 후에 그렇게 임종 했다. 막내는 너무 슬프게 울었다. 본타원 양혜경 교무와 태타원 송순봉 교무가 상서골에 와서 장례식을 치러 주었다. 그렇게 떠난 아버지는 방죽이 바라다 보이는 옆 밭에 안장되었다.

아버지 49재 전날 서군산교당 목타원 이수현 교무가 "꿈에 아버지가 평소처럼 서군산교당으로 자전거를 타고 오셔서, 49재 동안 참 정성스럽게 재를 지내 주셔서 감사했다"고 하면서 "미국에 있는 큰 딸에게 간다고 하시고 갔다"고 했다. 49재를 지내고 나서 그 말을 해 주니, 열반하기 전날 밤 내 꿈도 그렇고 언니에게 갔다는 생각이 강하게 들었다.

1980(원기65)년 1월 7일에 언니의 둘째 아들 팔삭둥이가 (8개월) 인큐베이터에서 지내다가 '제임스'라는 이름으로 세상에 나왔다. 형부가 그 아들을 처음 본 순간 장인어른 모습이 보여서 놀랐다고 했다. 그 후 자라면서 모습이 바뀌었다고 했다. 제임스는 영리하고 사리분별이 정확한 아이로 성장했다.

아버지의 53세 일생은 불행했던 한국사를 관통하고 있어서 나의 감정은 한편으로는 아쉽고, 안타까움이 있었다. 또 한편으로는 말 못할 아픈 생을 이제는 마무리 한 것에 대해서 다행이라는 생각도 들었다. 일본 제국주의 시대에 시골에서 신동으로 태어났으나 식민지 2등 국민으로 교육제도의 불합리함을 느끼고 초등학교 졸업 후 전국을 다니면서 사회주의 운동에 관심을 두었다.

해방 후 혼란한 한국 사회에서 사회주의 국가 건설의 꿈을 품었지만 한국 전쟁이 발발하고 전쟁의 잔혹함 속에는 이념이라는 것이 허상임을 알게 되었다. 군산 미군부대 PX에서 일하다가 해외에서 들어오는 명품 손목시계를 납품하는 일을 하면서 가정을 꾸리고 자식들을 가르쳤다. 한국 역사 중 제일 힘들었던 시대 한 가운데를 살아내면서 짧은 53세의 일기를 마감한 비운의 천재, 아버지의 삶이 인간적으로 너무나 외롭고 쓸쓸하지 않았을까 생각해 본다.

하지만 아버지가 원불교를 만나서 생사의 이치를 터득하고 착 없이 중음에 머물다 언니의 둘째 아들로 오는 것을 체험으로 알게 된 나는 그동안 애써 원불교를 한국불교의 틀 속에서 연결 지으려 했고, 소태산 대종사를 한국의 스승들 반열 위에만 올리려 했던 고정 관념이 깨졌다.

대종사는 인류의 스승이고, 그 법으로 세계를 구원할 만한 분이라는 것을 알게 되었다. 결국 원불교 교법으로 돌아가신 이생 아버지의 은혜도 갚고 과거 무수한 생의 부모님들의 은혜와 더불어 미래 무수한 생의 부모가 되실 분들에게 천도라는 구원을 받게 하려면 내가 원불교 교무가 되어야겠다는 생각을 하게 되었다.

서가모니 부처님과 내가 둘이 아니다

대산종법사 앞 출가 감상담

아버지의 49재가 끝난 후 나의 진로에 대한 상담을 하기 위해 고익진 교수를 만나러 광주 광륵사로 갔다. 고익진 교수는 나에게 "인도로 가서 불교학을 공부하라"고 했다. 하지만 아버지 열반 후 어머니 혼자서 우리 집 살림을 해 나간다는 것에 대해서 걱정이 되었다. 결국 답을 하지 못하고 그날 하룻밤을 절에서 잤다. 그런데 비몽사몽간 꿈에 발끝에서 머리끝까지 쭈뼛 쭈뼛하더니 '영산회상 봄 소식이 다시와' 라는 원불교 교가가 들렸다. 그리고 검정 학복을 입으신 소태산 대종사께서 나오셨다. 꿈에 해 주신 말씀이 "서가모니 부처님과 내가 둘이 아니다"고 하였다. 너무나 기뻐서 소리를 질렀다. 왜냐하면 동국대학교 4년 동안 공부하면서 대종사를 한국 불교계의 선지식들 가운데 어떤 반열에 올리는 것에 대해서 고민을 했지만 실패하였고, 그 후 한국 신종교 지도자들 중에 어떤 반열에 올려 놓을까 하였지만 역시 실패하였다. 그러던 차에 아버지의 열반 후 원불교 교법으로 아버지가 변화되고 마지막 천도를 받게 되는 것을 직접 경험하고 난 후 대종사님을 다시 보게 되었다. 결정적으로 이 꿈으로 인해서 4년 동안 했던 모든 고민이 한 순간에 사라졌다. 이것을 계기로 소태산 대종사를 새 시대 새 부처님으로 모실 수 있는 내 안의 믿음이 확고하게 자리 잡았다.

다음 날 고익진 교수에게 "원불교 교무로 출가한다"고 말하고 군산으로 떠났다. 군산교당에 가서 태타원 송순봉 교무의 언니인 승타원 송영봉 교무를 만나서 인사하고 "출가를 하고 싶다"고 말씀을 드리니 승타원 법사가 '공(空)' 자리에 대한 법문을 해 주었다. 기쁘게 받들고 태타원 송순봉 교무의 추천과 정성만 교무의 보증으로 전무출신 지원서를 냈다.

1980(원기65)년 원광대학교 원불교학과 3학년으로 편입하여 동선에 참석했다. 다정한 교우들이 많아서 1월인데도 훈훈했다. 첫날 밤 꿈에 정산종사께서 세 발 솥을 보여주며 "과거 생에 너는 정신수양과 사리연구는 잘 했다"고 하면서 이 도량에 와서는 "작업취사 공부에 공을 들여라"고 하였다. 성탑에 가서 기도하고 정산종사가 쓴 소태산 대종사 비명 병서를 보면서 '주세불'이 나의 화두가 되었다.

새벽에 33천(天)을 여는 새벽종이 울리면 33천 공부를 했었던 기억이 난다. 저녁에 28숙(宿)으로 종이 울리면 별자리를 보면서 교화단을 생각했다. 3월이 되자 출가 감상담을 중앙훈련원 (現 원불교대학원대학교) 교무 훈련 중에 2명이 발표하기로 했다. 한 교우가 앞서서 발표를 하고 나는 나중에 하라고 해서 기다렸다. 내 차례가 되어서 단상에 올라가니 대산 종법사께서 "발표를 하지 말고 내 질문에 대답을 하라"고 했다. 종법사님은 "도가에서 가장 중요한 것이 무엇이냐"고 물었다. 그래서 나는 "4대불이(不二)신심인 진리와 스승과 법과 회상에 대한 신심입니다"라고 했다. 대산 종법사가 칭찬을 하면서 그동안 쓴 책을 전부 나에게 주라고 하였다. 나는 그때 생각하기를 내가 이 말을 할 수 없었는데, 대산 종법사께서 내 몸을 빌어 영감을 주어 알려준 것이라고 생각했다. 희한한 일이었다. 그 책들을 가지고 책자 하나를 동국대 동창인 김순금(인보)에게 주었다. 그것을 읽고 인보가 출가를 결심했다. 3월, 4월, 5월초까지 학교 수업을 마치고 나면 '송대'에서 야단법석이 열렸다. 어른들과 총부에 근무하는 교무들과 성지 순례객들, 학생들이 종법사 법문을 받들며 재미있게 지냈다.

5월 18일 광주민주화운동으로 계엄령이 발표되어 전남 쪽은 갈 수가 없었고, 신문 방송은 묵묵부답이었다. 학생들이 신도안에 가서 대산 종법사께 안부 인사를 드리니 눈물을 흘리고 계셨다. 그것을 보고 그 상황이 얼마나 심각한 사태인지 깨닫게 되었다. 학교 수업을 마치고 기숙사로 돌아오는 길에 항상 숭산 박길진 총장이 원광대 뒷동산을 따라 걷는 것을 볼 수 있었는데 원광대를 수호한다는 생각이 들어 감사했다.

1981(원기66)년 4학년 때 미국에서 교수를 하는 정봉길 교무가 입국해서 조실로 가서 인사했다. 당시 학생이었던 김성자 교우와 접견자리에 동참했다. 영어하는 사람들에게 말씀하는 것 같았다. 정 교무는 "하와이에 '동서문화센터'가 있다"며 "여러분들 중에 누군가 그곳에 가서 공부하라"고 하였다. '동서문화센터' 이야기를 들으면서 '동과 서가 태평양 시대로 되는 구나' 하는 생각을 했었다. 학교 강의는 송천은 교수와 한정석 교수의 강의가 좋았다. 특히 박광전 총장의 강설이 참으로 좋았다. 졸업 때는 이오은 교무가 미국으로 가서 내가 대신 상을 받았다.

졸업을 하고 상시 훈련 기간에 군산교당에서 지냈는데, 대산 종법사께서 군산교당에서 대법회를 보고 요인들과 함께 남군산교당 터를 보셨다. 서군산교당(현 월명교당) 주무였던 학타원 어머니와 나는 일행을 따라갔다. 대산 종법사 일행이 군산항만으로 가서 함께 했는데, 겨울이라 항만에 바람이 많이 불고 추웠다. 그때 어머니가 아버지 유품인 미군용 점퍼를 시자를 통해서 주니 대산 종법사께서 입고 일행들과 함께 사진을 찍었다. 미군 점퍼를 입은 대산 종법사의 모습이 생전 아버지의 모습과 겹쳐지면서 더욱 가깝게 느껴졌고, 앞으로 대산 종법사를 아버지로 모셔야 겠다는 생각이 들었다.

 어머니가 기숙사에 식판을 공양해 주어서 감사했다. 3학년, 4학년 봉공 작업이 잘 되어 같이 울력하고 마음으로 '교화를 잘 해야 할 것 같다'고 생각했다.

 1982(원기67)년 졸업을 하고, 당시는 교학대생과 선원생이 합동으로 1년간 훈련을 했다. 초봄에는 수계농원에서 두달 간 영육쌍전 훈련을 났다. 근산 지해원 종사와 김명덕 교무가 지도를 해주었다.

군산항만(대산종법사 군산 교도임원들과 함께)

일을 하면서 참 공부를 할 수 있도록 지도를 해주어서 감사했다.

여름이 되어 대산 종법사께서 주석하고 있는 완도 소남훈련원으로 갔다. 우리 학년은 일원로를 둥글게 만들었다. 아침에 일하고 오후에 야단 법석이 열려 돌에 앉아서 법설을 들었다. 그때는 교도들도 많이 왔다. 우리는 감상담이나 강의 등을 발표했고, 대산 종법사께서 대중들에게 법문을 해 주었다. 많은 법문 중에 기억나는 법문은 '육단, 수단, 공불단'이라는 법문과 "완도, 제주도 국제훈련원 그리고 하와이 국제훈련원을 건립해야 한다"고 말씀했는데 하와이 국제훈련원은 멀게만 느껴졌다. 완도 소남훈련원은 소남 김정광 (본명: 영현)선생이 1만 5천평을 희사했는데 산과 물이 어우러진 아름답고 훈련에 적합한 곳이었다. 소남 선생에게 참으로 감사를 올렸다. 대산 종법사께서 작사한 숙승봉과 업진봉에 대한 법문을 노래로 만들어서 많이 불렀던 기억도 있다.

어느 날 제주도 훈련원 부지에 대하여 보고 하기 위해 예산 이철행 교정원장과 창산 정도윤 재무부장 등이 왔다. 대산 종법사가 "지금 바로 가서 알아보라"며 제주와 연결해 주었다. 이날 내가 발표해야 할 차례였는데 도타원 홍도전 교도와 홍석현 교도가 와서 함께 법회를 봤다. 훈련교무들이 종법사님과 정도리에 가서 바다를 보며 소창도 하고 법문도 들었다.

이때 대산 종법사와 독대할 수 있는 순간을 가졌는데 나에게 강과 바다에 대하여 이야기하셨다. 바다(정도리)에 대하여 말씀하면서 "출가위에서 시작하라"고 하였다. 힘있는 말씀에 대하여 감사를 올렸다.

여름이 되어 법타원 김이현 교무가 있는 종로교당에서 교화실습을 했다. 그곳에서 당시 교구 사무장이었던 경산 장응철 교무와 왕산 성도종 교무 등 여러 교무들이 같은 건물에서 근무를 했다. 당시 종로교당 교도회장이었던 수산 이철원 교도와 만타원 김명환 종사는 훗날 하와이 국제훈련원을 희사하였다. 지금도 날마다 감사 기도를 올린다. 연화회원들이 원남과 종로를 서로 번갈아 가면서 공부를 했다. 종로는 故 한지성, 원남은 홍도전 교도가 주축이었다. 가을에 훈련 교무들이 대구 동명훈련원 봉불식에 가서 육장 법문을 받들었다.

훈련교무 시절 대산종법사와 함께

대산 종사 말씀하시기를 「우리가 잘 살기로 하면 육근을 감출 줄 아는 육장(六藏) 공부와 육근으로 배울 줄 아는 육학(六學) 공부와 육근을 도 있게 쓸 줄 아는 육도(六道) 공부를 해야 하는바, 육장 공부는 천 번 만 번 마음을 멈추고 고요히 하는 천만 정정 공부요 천 번 만 번 닦고 행하는 천만 수행 공부요 무능(無能)으로 전능(全能)을 얻고 만능(萬能)을 얻는 공부니라. 육학 공부는 육근을 통하여 수많은 법문들과 크고 높은 진리를 배우고 깨달아 학문과 도학을 아울러 갖추어서 무지(無智)로 전지(全智)를 얻고 만지(萬智)를 얻는 공부며, 육도 공부는 육근을 쓸 때 넘치고 모자람이 없는 중도 실행으로 무량 자비와 무상 보시를 베풀어 무덕(無德)으로 전덕(全德)을 쌓고 만덕(萬德)을 쌓는 공부니라.」〈대산종사법어〉 제4 적공편 19.

　이 법문을 듣고 '장(藏)'에 대한 화두가 걸렸다. 나는 동국대 학사 논문으로 '여래장'에 대하여 연구를 했는데, 대산 종법사께서는 여래는 '무능으로 전능을 얻어 만능을 얻고, 무지로 전지를 얻어 만지를 얻고, 무덕으로 전덕을 쌓고 만덕을 쌓는 사람' 이라고 정의를 했다.

　이 법문은 실생활에서 여래를 나툴 수 있는 법문이라서 실천을 통해서만 얻을 수 있고 쌓을 수 있는 것이라는 생각이 들었다. 그래서 내가 어느 임지에서든 이 육근을 가지고 현장에서 능력과 지혜와 덕을 나툴 수 있는 수행자가 되어야겠다고 생각했다.

첫 발령지, 영산성지

영산선원 교무 시절

1983(원기68)년 1월, 나의 첫 발령지는 영산선원이었다. 1월이라 눈이 많이 내려 마치 선경처럼 느껴졌다. 옥녀봉과 구수산 굽이굽이가 정겨웠다. 영산선원은 논과 밭이 많이 있었다. 나는 재무라는 이름으로 서무과에서 일했고, 중등부 성지대안학교에 고등부인 영산 성지고를 만들어 학생들이 들어오고 있었다. 나는 영산선원에서 불교학 강의를 했고, 문화사를 가르쳤다. 그리고 영산 성지고에서는 사회 과목을 가르치고 중학생에게는 교리를 가르쳤다. 당시 중학생이던 의산 박진은 교무(現, 애틀란타교당)는 내가 하와이 국제훈련원으로 온 이후 지금까지 10년 동안 세금보고를 해주는 감사한 동지이다. 또 당시 중학생으로 육정진, 한도운 교무 등도 함께 공부를 하며 근무했다. 당시 고등학교에 다니던 이현옥, 유홍덕, 최인성, 안정연 교무 등이 함께 식당 일을 담당했었다. 다들 음식 솜씨가 뛰어났다.

출장소에는 김정주 선생(김원덕 교무 아버지)이 있었다. 그때는 순례객이 많았다. 그래서 중앙봉, 삼밭재를 많이 다녔다. 나는 버스를 타고 영광 시장에 가서 동네 아낙네처럼 콩나물, 큰 통 등 식당에 필요한 물건을 구입하여 버스를 타고 다시 영산으로 오고 가는 일을 많이 했다.

특히 최복경 할아버지 (건산 최준명 종사 부친)가 인상적이었다. 최복경 할아버지는 늘 기쁘게 대종사와 선진들의 이야기를 많이 해주었다. 두 군데 강의와 식당 전체 관리, 일꾼들 참 챙기기, 성지 순례객 식사 준비 등이 내 업무였는데, 영산교당 안타원 이신정 교무가 많이 도움을 주었다. 그 때 인연이 되어 지금도 도와주고 있다.

자타원 이진훈 교무와는 늘 가까이 하는 도반이라서 나를 두 분이 함께 챙겨 주었다. 그 은혜에 늘 감사하고 있다.

1984(원기69)년에 제 3회 아시아 종교 평화회의가 서울 엠버서더 호텔에서 6월 16일부터 21일까지 열렸는데, 행사 후 익산과 영산성지를 순례했다. 영산성지 순례 시 식당 일을 영산 선원생들이 성심을 다해 준비했는데 당시 학생이던 안순도 교무의 솜씨가 뛰어났었다. 또한 사산 오창건 선진과 오산 박세철 선진 댁이 도량 근처에 있어서 여러 가지로 도움을 많이 주었다. 이 행사를 위하여 전남도지사가 영산성지 우회 도로를 만들어 주었다.

강원도 출신인 안성원 교무가 출가하기 위해 간사로 왔다. 트랙터 운전은 물론이고 논, 밭 일을 잘 해서 고맙고 감사했다. 몸도 불편한데 그 많은 일을 소리 없이 해냈다. 안성원 교무는 삼척 사람이고, 안정연 교무와 유홍덕 교무도 강원도 출신이다. 최인성, 이현옥, 한도운 교무 등이 일을 야무지게 잘 했다.

1984(원기69)년부터 제주도는 물론 전국 팔도에서 온 영산성지학교 학생들이 기숙하면서 공부를 했다. 식당이 더 바빠졌다. 지금 생각하면 어떻게 그 일을 해냈는지 신기하다. 순례객과 영산선원생과 성지학교학생들까지 함께 식사 한다는 것이 경이롭기까지 했다.

저녁에는 영모전에 가서 기도하고 대종사 심상을 보고 마음을 챙기며 내일을 계획하면서 식판에 무엇을 담을까 연마했다. 정관평에 가서 기도하고 구인선진 기도터에 가서 기도로 일관했다.

산책을 할 때 김인소 교무는 법당 교무라서 들에 핀 꽃을 보면 하나씩 따면서 가고, 나는 식당 담당이라 먹을 풀이 있으면 캐고 찾아서 오갔는데 행복한 시절이었다.

1985(원기70)년에 이순원 교무가 농약 집에 갔다가 경타원 오현진 교무를 만나서 선원으로 오게 했다. 당시 오현진 교도는 어머니를 모시고 혼자 바느질을 하면서 살고 있었다. 내 곁에서 식당 일을 잘 도와주었다. 집에 가서 어머니도 보고 그분이 열반하는 것도 보고, 조카인 선산 오성관 교무가 제타원 박성인 교무의 추천으로 출가하는 것도 보았다.

신타원 김혜성 교도와 도타원 홍도전 교도가 영산에 와서 기도를 했다. 일주일 기도 했는데 도와주었다. 홍도전 교도가 휴지 하나도 아끼며, 어머니를 봉양하는 것을 보고 감탄했다.

1986(원기71)년 당시 광주전남교구 조정근 교구장이 불교학 강의를 교의회 회장단 모임에서 해달라는 청탁을 해왔다. 이유는 당시 교구 교의회 의장이던 前 전남대학교 총장 민준식(법명: 원종)교도가 동국대학교 출신이라서 부탁한 것이었다. 민준식 교도는 "강의를 잘했다"며 "오랜만에 불교학 강의를 듣게 해주어서 감사하다"고 했다.

교육부의 성지학교 인가 문제로 선원과 성지학교를 함께 운영하기가 어려워졌다. 그래서 성지학교를 폐교하려 하자 당시 영산출장소 소장인 과산 김현 교무가 맡아서 하겠다고 제안을 하여 학교 운영은 출장소에서 하기로 했다. 다음 해에 성지학교는 길룡리로 분가해 나갔다.

영산에서의 수많은 추억과 생소한 경험들은 지금도 내 삶의 자양분이 되고 있다. 고추 수확 철에는 고추를 말리기 위해서 불이 잘 드는 우리 방에 널어놓고 그 위에 평상을 펴고 잠을 잤다. 자고 나니 코가 빨개지고 얼얼하여 2년여를 고생했다.

당시 나성인 교무가 직장인이던 시절 처음으로 만났다. 고등학교 영어 선생님인 한상일 선생과 같이 왔는데 참 예뻤다. 특히 허리까지 내려오는 긴 머리를 한 여성이었는데, 1년 후에 출가를 했다.

나에게 영산선원 근무 4년은 숨 쉴 틈 없이 바쁜 시간이었다. 식당으로, 논으로, 들로, 시장으로 그리고 학교로 이리 저리 뛰어 다녔다. 그러한 가운데 항상 하루를 마무리 하는 시간에는 영모전에 가서 대종사 십상을 바라보면서 '어떻게 대종사의 수행과 나의 수행이 하나가 될 것인가' 하면서 기도를 했다. 대종사의 뜻이 나의 뜻이 되고, 대종사의 깨달음이 나의 깨달음이 될 수 있도록 기도하는 시간이 되었다.

익산성지로 돌아오다

여기숙사 정화원 지도교무 시절

영산에서 마지막으로 근무하는 시절 겨울 초입에 꿈을 꾸었다. 숭산 박광전(본명:길진) 총장 얼굴이 보이면서 "수양하러 간다"는 말을 했다. 그런 며칠 후 총장님이 데모를 하는 학생들을 걱정하다가 1986(원기71)년 12월 3일에 열반했다. 항상 원광대를 수호하기 위해서 교정을 돌고 있던 그 기억이 나서 눈물이 났다.

첫 근무지인 영산선원에서 4년간 근무를 마무리하고, 1987(원기72)년에 수학휴무를 신청했다. 원광대학교 교학대 석사과정에 진학해 '원불교 교화단 연구'에 대한 공부를 해 보고 싶었다. 그런데 1월 초 총부 정문에서 길을 가는 중 석산 한정석 당시 원광대 법당 교감이 나를 보더니 "석사 공부는 나중에 하고 원광대 법당에서 교직원과 대학생들을 교화하라"는 말을 했다. 갑작스러운 제안에 6개월 휴무 상태에서 대학 법당(당시에는 총장실 위에 법당이 위치)교무로 근무했다. 어려운 근무 상황이었다. 일주일에 한 번 씩 원불교 동아리 학생들을 상대로 법회를 보고 학생들과 상담 및 대화를 하고 대학에 근무하는 간사들을 위한 법회도 보았다. 또 교직원들과 개인적인 일에 대한 상담도 맡아서 했다.

이런 중에 원불교학과 학생들이 총부 기념관 점거 데모를 하는 일이 벌어지자 그 책임을 지고 사감진들 (당시 왕산 성도종, 수산 김경일, 참타원 이정주, 윤타원 강명진 교무)이 총사퇴를 했다. 이런 상황에서 경산 장응철 총무부장이 총부식당 앞에서 나를 보고 내가 사감진으로 들어가야 한다고 했다. 내가 거절을 하니 대산 종법사께서 직접 나를 지목해서 어쩔 수 없다고 했다. 하는 수 없이 대학법당에서 7월까지 근무하고 원불교학과 서원관 여자 부사감으로 들어갔다. 여기숙사 사감은 교타원 김혜신 교무, 남기숙사 사감은 교산 이성택 교무, 남자 부사감은 강낙진 교무가 긴급 투입되었다.

첫 숙제는 기숙사를 어떻게 정상으로 회복할 것인가에 대한 문제였다. 사감진들이 함께 토의하면서 총무를 이선묵 교무로 하고 식당 감원들을 전원 교체하였다. 그리고 고학년 학생들부터 저학년 학생들까지 학년별로 만나서 이야기를 하면서 마음을 수행과 공부 쪽으로 돌리는 작업을 하였다. 특히 여성 성불론에 대한 이야기를 많이 하면서 밖으로 쏠리던 관심을 수행으로 돌리도록 노력하였다. 교타원 김혜신 교무는 '선' 지도를 잘 해주어서 학생들이 무척 따르고 좋아했다. 이후 여성 수행자들을 주제로 5년 동안 강의와 토론을 했다. 방학이 되면 여자 예비교무(당시 육영생)들을 데리고 일주일 동안 향타원 박은국 교무가 원장으로 있는 언양 배내청소년수련원에 가서 훈련도 받게했다. 그리하여 어느 정도 수행하는 분위기가 잡히고 정리가 되었던 것 같다.

1988(원기73)년 당시 학생들의 구성은 4학년 성불학년, 3학년 제중학년, 2학년 삼심학년, 1학년 UR학년, 1989(원기74)년 차기 1학년 여래학년 등으로 정기훈련과 상시훈련 그리고 봉공작업, 특강, 대각전 수요야회, 저녁 일기발표, 염불과 좌선 등으로 정진을 했다. 그 중에 사회의식이 강한 그룹들이 있어 자주 대각전에서 시사에 대해서 발표를 하곤 했다. 당시는 250여명의 대식구였는데 원불교 학과 역사상 가장 많은 숫자였다. 그래서인지 공양도 많이 들어왔고, 식당도 비좁아서 학년별로 식사를 했다. 해마다 봉공 작업 중에 총부 뒤 논에 모를 심는 작업이 있어서 좋았고, 공부와 일을 병행하

는 수행자의 모습이 아름다웠다.

　학생들과 상담을 통하여 나도 배우고 내 방식에서 떨어져 나를 바라보는 '그 자리'인 언어도단의 입정처로 공부하며 지도했다. 스승님들의 뜻에 하나가 될 수 있도록 하면서 기도하고 입정을 했었다. 저녁을 먹은 후엔 원광대를 돌며 수목원에 가서 기도하고, 미륵회상을 그리며 미륵산을 바라보기도 하고, 해가 떨어지는 것을 보면서 상담하는 학생들의 마음을 헤아려 보았다.

　영산선원 학생들과 원불교학과 학생들이 일 년에 두 번씩 만나서 훈련도 하고 체육활동도 했었다. 서로가 유대감을 확인하는 중요한 시간이었다. 그런 중에 교육부에서 영산의 김자경 교우와 익산의 탁상은, 한화중, 박현덕 교우와 나를 일본 견학을 하도록 했다. 먼저 요코하마로 가서 곤타원 박제권 교구장에게 인사를 했다. 배은종 교무가 동경을 구경시켜 주었는데, 절을 보면서 곳곳에 큰 사찰이 있어 놀랐다. 일본 사람들은 대웅전에 가서 인사 올리지 않고, 12지신상(十二支神像)이 있는 쥐, 소에 인사하는 것이 이상했다. 한국은 대웅전 부처님께 3배를 드리며 인사하는데, 일본은 들어가는 입구에 조그만 동자만 보고 가는 것이 묘하다는 생각이 들었다. 신칸센 열차를 타고 오사카, 경도, 후쿠오카, 나가사끼 등을 보면서 불교와 신도의 나라라는 생각이 들었다. 경도에서는 이선화 교도가 아들과 함께 경도 불교 사찰 관광을 시켜 주었다. 후쿠오카에서는 박삼순 교무가 관광을 시켜 주었다.

　류○○ 교무(당시 예비교무)가 종교연합 그룹을 결성하여 1년에 한 번 씩 돌아가면서 2박 3일 이웃종교 방문 및 초대를 했다. 이 행사가 1991(원기76)년에는 중앙총부에서 있었다. 당시 서울대 종교학과, 카톨릭, 기독교 학생들이 와서 함께 대화와 토론, 명상을 했다. 그런데 몇몇 학생들이 늦게까지 술을 마시다가 서울대 종교학과 남학생 한 명이 사망한 사건이 있었다. 총부가 긴장했고, 학생의 아버지와 어머니가 왔는데 아버지는 검찰청 검사장이었다. 그분이 동국대 출신이어서 내가 그분을 만나서 수습을 하였다. 정성을 다해서 장례를 총부에서 치렀는데 떠나면서 감사하다고 했다.

이와같이 부사감으로서 4년 6개월 동안은 예비 교역자를 양성한다는 것에 보람도 있었지만, 데모와 뜻하지 않은 사건들로 인해서 나에겐 긴장과 초조의 연속이었다. 나로서는 그러한 사건들을 수습

대산종법사님, 형부와 언니, 데이브, 제임스

하기 위해서 최선을 다한 시절이었고, 자연히 따라오는 몸의 긴장으로 인해 12월쯤에 머리가 아팠다. 병원에 가니 혈압이 200까지 올라가서 1년을 쉬어야겠다는 생각으로 기숙사 일을 마무리했다.

나의 익산 총부 부사감 시절은 내가 동국대 학사 논문으로 쓴 승만경과 법화경에 나타난 '여성의 몸으로 성불할 수 있다'는 사상을 여자 기숙사의 예비교무들에게 심어주기 위해 노력하는 시간이었다. 대종사께서는 일찍이 남녀 권리 동일이라는 것을 말로만 한 것이 아니라 직접 여성 교역자를 양성함으로써 보여 주었다. 그러한 소태산 대종사의 본래 뜻을 실현시키기 위해서 여성으로서 반드시 성불할 수 있다는 것을 증명하고 보여주어야 할 사명이 우리에게 있다고 생각했다. 그 사명을 이루기 위해 불철주야 학생들과 부대끼며 살아온 시간들이었다. 하지만 건강의 악화로 나의 의지와는 상관없이 쉬어야만 하는 시간이 온 것이다.

휴무 중 미국으로

데이브, 제임스 형제

1992(원기77)년 1월에 휴무를 한 후 '한 번도 보지 못한 아버지의 후신으로 온 언니의 둘째 아들인 조카 제임스를 한 번 만나 봐야겠다'고 생각했다.

　　그래서 언니 집인 뉴저지에 갔다. 초등학생 조카 둘이 있었다. 아버지의 후신이라고 생각하는 둘째 아들 제임스와 큰아들 데이브였다. 제임스의 방은 2층이었고, 나는 1층에 머물렀는데 내가 아침에 일어나서 선을 하고 있으면 제임스는 이른 시간인데도 인사하러 왔다. 부지런하고 공부도 잘하고 형과 사이도 좋았다. 제임스를 보면서 아버지께서 내 꿈에 "언니 집으로 갈란다" 하던 말이 생생하게 생각났다. 짧은 53세의 나이에 열반한 아버지는 항상 내게 있어 고마움과 그리움의 대상이었다. 비록 같은 육신은 아니지만 전생에 아버지였던 조카 제임스를 보고 있으면 마지막에 아버지께서 서군산교당 교도회장을 하시면서 천도를 잘 받아서 다행이라는 마음이 있었다.

　　그곳에서 한 달간 머물다가 빙햄턴 주립대학에서 박사과정을 밟고 있는 큰동생의 집으로 가서 3개월을 살았다. 3개월을 언어 연수하며 올케와 조카인 황신재와 황윤재 2명과 살았다. 윤재의 '돌' 잔치를 뉴저지에서 살고 있는 언니네 가족과 막둥이 황진수네 가족과 함께했다. 황진수는 퍼듀대학에서 박사학위를 끝내고, 1년 동안 스텐포드대학에서 연수 후 델라웨어에서 대학교수를 하고 있었다. 조카 윤재가 1층에서 3층 내 방까지 올라오는 것이 신기했고, 함께 노래하며 아이들과 함께 하는 일이 재미있었다. 어느 날 잠을 자는데 붕 뜨는 느낌이 들더니 내 영혼이 새벽 별자리까지 가 있었다. 하도

이상해서 '내가 왜 여기까지 왔나' 하는 순간에 내 몸으로 뚝 떨어졌는데 그날 종일 너무나 힘들었다. 꿈에서 깨어나 '유체 이탈이 이런 것이구나!' 하는 생각이 들었다.

1월 미국 뉴욕에 도착 후 바로 언니와 함께 뉴욕교당에서 근무 중인 승타원 송영봉 교무와 교당 식구들에게 인사를 했다. 그 후 처음으로 승타원께서 언니에게 연락을 하여 '빨리 교당으로 오라'는 전갈을 보내 빙햄턴에서 언니 집인 뉴저지로 갔다.

5월 초에 교당으로 가서 보니 승타원께서 휴무 중에 뉴욕에 온 김현진 교무와 함께 시카고에서 있는 교무훈련에 같이 가자는 것이었다. 워싱턴, 필라델피아교당 교무들과 함께 봉고차를 타고 1박 2일을 걸려서 재미있게 이야기하고, 노래도 부르며 시카고로 가서 2박 3일 동안 교무훈련을 했다. 시카고교당 교도회장 직을 맡으며 내과 의사였던 신산 김양수 교무의 후원으로 관광을 할 수 있었다. 특히 신산님은 나에게 몇 개월분 혈압약을 처방해 주어서 감사했다.

시카고를 다녀온 후 승타원께서 다시 나와 김현진 교무에게 "워싱턴교당과 필라델피아교당을 둘러보고 오라"고 해서 그곳에 잘 다녀왔는데, 김현진 교무 오빠가 갑자기 열반했다는 소식에 놀라서 한국으로 갔다. 현진 교무의 계획은 9월 초까지 뉴욕에 있다가 초타원 백상원 교무와 한은숙 교무와 함께 모스크바로 가려고 했었다.

그 당시 뉴욕교당은 교무들이 많았지만 모두 들고 나는 시기였다. 이오은 교무는 심홍제 교무가 종교 비자를 받고 미국에 들어오기를 기다리고 있었고, 맨하탄에 집을 구하여 나가야 할 상황이었다. 승타원께서는 무릎 연골이 부서져서 수술을 해야 할 형편이라

귀국을 해서 퇴임을 준비해야 했다. 9월에 초타원 백상원 교무는 모스크바교당을 개척하려고 한은숙 교무와 함께 간다고 했다.

그 당시 뉴욕교당에는 주임 교무로 순타원 이혜진 교무와 부교무로 강성원 교무가 있었다. 나는 9월부터 한국학교와 어린이, 학생, 청년 법회를 맡아서 했다. 일반법회는 워싱턴에 있던 홍타원 박은섭 교무가 법회를 봐 주었다. 회장 이철원 교도, 부회장 김묘정 교도, 송수은 교도 그리고 신경림 교도와 예쁜 진솔이 등과 인연을 맺고 떠나왔다.

뉴욕에서

뉴욕교당은 교도들이 많았다. 신심 있는 교도와 어린이, 청년, 일반교도들이 100명이 넘었다. 특히 원광한국학교는 뉴욕에 있는 교회 한국학교보다 호평을 받아서 일주일에 5일씩 한국학교를 하고 있었다. 이들 중에는 서울에서 대학시절 만났던 친구 장은주가 아이들 2명을 데리고 뉴욕교당 원광한국학교에 왔는데 이역만리에서 만난 것이 기적 같았다.

그 후 6월에 심홍제 교무가 왔다. 뉴욕교당에서 나와 홍제 교무를 3개월 언어 연수를 하도록 배려해줬다. 지금도 감사한 마음을 간직하고 있다. 그 후 9월 초에 모스크바로 승타원 송영봉, 초타원 백상원, 여타원 한은숙 교무가 떠났다.

그 당시 9월 초에 초타원 백상원 교무 일행이 모스크바로 떠나기 전에 종로교당 만타원 김명환 교도와 수산 이철원 교도가 하와이 국제훈련원을 매입했다는 소식을 전해 들었다. 초타원 교무는 그곳이 "시내와 너무 멀리 떨어져 있다"며 아쉬운 듯 말했던 기억이 있다.

1993(원기78)년 1월에 휴무를 끝내고 뉴욕에서 한국으로 돌아왔다. 뉴욕교당에서 승타원 송영봉 교무가 교화를 하는 모습이 인상적이었다. 한 가족들을 모두 빠짐없이 일원 가족이 되게 하기 위해서 그 가족의 구성원들 모두 어린이, 학생, 청년, 부모 세대까지 상담을 통해서 교화를 하는 것을 보고 나도 저렇게 해야겠다고 생각했다. 특히 원남교당 출신 부모들이 자녀를 유학이나 이민 보낸 경우가 많아서 자연스럽게 그들과 연결됐다. 한 사람 한 사람마다 정성스러운 편지를 써서 외롭고 힘든 이민 자녀들의 마음을 위로해

주고 다독여 줬다. 그 모습이 내가 그동안 찾고 있었던 여성의 몸으로 성불했다는 생각이 들었다. 한마디로 말해 승타원 송영봉 교무는 '나의 여성 성불론의 모델'이었다.

교화일선으로 가다
- 현상호, 홍대현의 출가

수성교당 시절 좌산 종법사와 함께

1993(원기78)년 1월에 인사 발령시 광주 시내권 교당으로 갈 뻔 하였으나, 인연이 아니었던지 대구 수성교당으로 가게 됐다. 수성교 당에서 내 생애 처음으로 현장 교화를 시작했다. 나의 추천 교무이 신 태타원 송순봉 교무께서 당시 대구경북교구장이라서 감사했다.

좌산 종법사 수성교당 내방 시 교도들과 함께

처음하는 교화라서 설레기도 했다. 대구 범어동 교회 뒤쪽에 있는 골목길을 따라 마지막 집으로 20평 정도의 가정집이었다. 교구 교무가 인수인계를 해주었다. 그 이유는 전임 교무였던 최 모 교무가 미국 시애틀에서 개척교화를 하고 있어서 교도 회장인 신남신 교도가 인계를 해 주었다. 교당에 저축된 돈은 거의 없었다. 마음속으로 밥을 '한 끼만 먹어야 겠다'고 생각했다. 일요일에 장양은, 김성원, 남명은 교도가 와서 교당 내력에 대해 이야기를 했다. 현재 교당은 '문선혜 교무가 성가 독창회를 하고 나온 돈으로 장만했다'고 했다. 그 전에는 범어동 큰 건물 2층에 전세로 있었고, 주로 대구교당 학생회 출신들이 교도라고 했다. 당시는 교당을 나오지 않고 있어서 어떻게 할까 했는데, 다행히 신남신 회장이 있어서 연결이 될 것 같았다.

1월이라 너무 추웠다. 난방은 전기장판으로 살았는데 너무 추웠다. 초반에는 장양은, 김성원 교도와 남명은 교도가 주로 법회에 나왔다. 교도 숫자가 너무 작았던 이유는 전임인 최 모 교무가 '새로운 교화를 모색해 보겠다'고 미국 시애틀로 간 1년 후에 기독교 선교사가 된 것이 크게 작용했다. 이때 공백이 생겼던 것이다. 이후로도 교당 사정에 대한 이야기를 대명교당 조효경 교무와 봉덕교당 이응원 교무에게서 들을 수 있었다.

2월 하순 경 상주교당 김성효 교무에게 전화가 왔다. "범어동에 상주에서 이사 간 교도가 있다"고 했다. "그동안 대구교당을 다녔는데 가까운 교당으로 다녔으면 한다"며 김심덕 교도를 소개시켜 주었는데 신심이 대단했다. 배고프고 추운 시절이었는데 김심덕 교도는 음식을 계속 공양해 주었다. 이후로도 5년 동안 음식을 챙겼다. 지금도 그 은혜를 잊을 수가 없다. 이런 중에 휴면교도였던 손복주 화 교도와 김덕인 교도가 교당에 출석했다.

3월에는 청년법회를 (김지영, 황인랑, 장면선, 윤선화, 현덕윤, 박지선) 필두로 어린이법회 (김연화, 김원일, 박은솔, 박진솔), 학생회법회 (현상호, 홍대현, 김성근, 김성주, 현덕호, 김지선) 등을 개설했다.

양해숙 교도는 훈타원 양도신 선진의 조카로 부산에서 온 교도였다. 딸인 은솔이와 아들인 대솔이랑 잘 나왔고, 법회 사회까지 봐주었다. 김지영, 김지선 자매의 어머니인 홍경덕 교도가(초등학교 교장) 법회에 나왔다. 김현송 교도와 소덕심 교도는 부부로 미군 부대 근무를 하였다. 자녀인 연화와 원일이는 어린이 법회를 잘 나왔다. 사타원 이원화 선진의 손자인 박정남 가족과 (고등학교 교사) 그 어머니(이원화 선진 며느리)는 범어 시장에서 식료품 가게를 하면서 함께 법회도 보았다. 그 옆의 참기름 가게 박정경 교도도 법회에 잘 나왔다.

당시 동명훈련원에는 김현진 교무와 덕무가 있었고, 후포교당 신봉은 교무와 점촌교당 홍원정 교무가 두 달에 한 번씩 교구 회의가 있는 날이면 하루 전에 와서 자면서 열린 마음으로 이야기를 많이 했다. 수성교당의 연원교당인 대명교당의 조효경 교무가 교당에 필요한 살림살이나 도구들을 주시는 등 어려움을 잘 살펴줬다.

1994(원기79)년 신남신 교도회장과 인연으로 대구교당 학생회 출신들이 수성교당으로 와서 법회를 보기 시작했다. 지금도 그 중심에 있는 사람들은 금명혜 교도와 남편인 서윤원 교도(수성교당

교도회장) 그리고 자매인 강성민(언니) 교도와 강덕훈(동생) 교도다. 그리고 강덕훈 교도의 남편인 신성용 교도 (전 수성교당 교도회장)가 수성교당 교도 역할을 잘하였다.

신남신 회장과 부인인 김명제 교도도 잘 나왔다. 그리고 대명교당에서 온 배양희 교도와 남편인 박대진 교도 그리고 아들 박도완 가족들이 나왔다. 모두 대구교당 학생회 출신으로 배은종 교무와 동창들이었다. 배은종 교무 여동생인 배용관 교도와 남편인 최명철 교수도 수성교당에 가끔씩 나왔다.

대구·경북교구 여성회가 결성되자 나는 담당교무가 되었다. 대구교당 최혜남 교도가 초대 여성회 회장이 됐다. 대구교구와 지구 각 교당에서 훈련을 하며, 여성회의 활동을 어떻게 할 것인가 토의와 실행을 했다.

그해 겨울 학생회 훈련을 정전 마음공부 훈련을 하는 수계농원으로 갔다. 당시 중학교 3학년이던 현상호 학생이 대산종사의 손을 잡고 모시는 차례가 되어 손을 잡고 걷다가 평소 걸려있던 의문이 일시에 풀리면서 서원의 씨앗을 심는 계기가 되었다.

1995(원기80)년의 기억들이다. 동화사에 가서 서운스님과 대화를 했다. 갓바위의 약사여래 큰부처 상을 참배하며 신남신 교도회장의 얼굴상이 약사여래 부처님 같다는 생각이 들었다. 그는 대구한의사협회장을 역임할 정도로 한의업계의 주요인사였다. 여동생은 전산 이정택 교무의 정토이기도 하다. 당시 대구원광한의원에 문상선 교무가 있어서 가끔 치료도 해 주었고, 자주 교류하면서 현상호 학생이 출가를 할 때 도움을 많이 주었다. 수요일 야회는 신남신

교도회장을 비롯하여 남자 교도들이 주로 법회를 보았다. 법회 후엔 내가 냉면을 만들어서 공양하여 맛있게 먹곤 했던 기억이 난다. 금요일 청년 법회는 저녁야회로 했고, 서로 상담을 하며 회화와 교리공부를 했던 기억이 난다.

 1996(원기81)년 학생회원들이 수계농원에서 두 번째 훈련을 했다. 정전 마음공부가 새롭게 다가왔다. 가을엔 원불교에서 주최한 IARF (종교자유를 위한 국제협력단)가 중도훈련원에서 열렸다. 당시 전국에서 영어가 가능한 청년 자원봉사 요청이 총부로부터 있었다. 그래서 수성교당 청년회에서 영어가 가능한 인원인 장명선, 김지영, 현지윤, 김연경, 황인랑, 이선주 등이 발탁되어 중도훈련원에서 자원봉사를 했다. 일주일 동안 잘하고 왔다. 수성교당이 규모에 비해 전국 청년회에서 가장 많은 청년 자원봉사자를 보냈다고 칭찬받았던 기억이 있어 감사했다.

 1997(원기82)년 현상호 학생회원이 수능고사를 치르고 논술을 준비하던 중 문상선 교무의 출가 권유로 발심하여 전무출신을 서원한다고 교당에 와서 말했다. 나는 어머니인 김심덕 교도에게 전화를 하니 깜짝 놀라는 것이었다. 이 말을 전해들은 김심덕 교도는 놀라움과 동시에 기쁨의 눈물을 흘리면서 한없이 운동장을 돌았다고 들었다. 그러나 아버지인 현성길 교도의 반대가 심했다. 하지만 현상호 학생의 뜻이 확고하여 결국 허락하였다.

 홍대현 학생회원도 출가한다고 했다. 홍대현 학생의 어머니인 김성원 교도는 딸의 출가에 대하여 감사했고 홍대현 학생을 군위교당 시절 서정연 교무처럼 키우고 싶어 했다. 5년 동안 수성교당 교도들과 정이 많이 들었다. 그 해 12월에 원불교대학원대학교 총장인 봉타원 김형철 교무가 "대학원대학교로 오라"는 제안을 해서 6년 임기를 채우고 가고 싶었지만 어쩔 수 없이 5년으로 마무리했다. 수성교당의 성공적인 교화 경험은 바로 승타원 송영봉 교무가 뉴욕교당에서 가족 교도들을 상대로 상담하며 교화단 활동을 하는 것을 옆에서 지켜본 결과 나도 저렇게 해야겠다는 생각을 했던것 같다. 그리하여 교화라고 하는 것이 온 가족들을 함께 해야 한다는 것을 느낄 수 있었다. 장차 미륵 시대에는 여성의 몸으로 부처가 되어야 어머니의 마음으로 온 가족 교화를 깊게 할 수 있다는 경험을 할 수 있었다.

수성교당 시절 제주도에서

중도원이 단전으로 들다
- 대학원대학교에서

익산성지 공회당

1998(원기83)년 원불교 대학원대학교 시절 1월에 전무출신 면접을 본 수성교당 출신 현상호 학생과 홍대현 학생을 데리고 수계농원에 주재하시는 대산상사를 뵈러갔다. 말년에 묵언으로 일관하던 대산상사께서는 우리에게 기원문 결어 중 한 부분인 "천불만성 발아 억조창생 복문을 열으라"고 하시고 "무등등한 대각 도인과 무상행의 대봉공인이 되라"는 말씀을 해 주셔서 놀랐고, 감사했다. 3년 전 현상호 학생은 수계농원 정전 마음공부 훈련에서 "대산상사님의 손을 잡고 있다가 놓는 순간에 모든 사심이 다 사라졌다"고 했었다. "대산상사께서 평소에는 말씀을 안 하시는데 처음으로 말씀을 하셨다"고 장산 시무실장이 알려주었다. 그 후 현상호 학생은 신입생 훈련을 하러 서원관에 입사했고, 홍대현 학생은 교육부 간사로 2년간 근무하고 입학했다.

　　대학원대학교에서도 2월에 일주일 동안 동선을 했다. 새 학기를 맞이하여 새로운 학생들이 들어왔다. 입사하면 여학생들은 머리를 교무 모습으로 하는 관례식을 올렸다. 많은 교무들과 부모들이 참관했다. 서원관 사감 교무로 보직을 받고, 1학년은 박법일 교무가 맡고, 2학년은 내가 담당했다. 저녁 9시 부터 30분 동안 염불을 하고 한 두명 일기 발표를 한 후 총장과 교무들이 한 말씀씩 했다.

　　그해 대산상사의 병이 위중하여 서울 삼성병원에서 10월 초에 헬리콥터로 총부로 오셔서 원광대 한방병원에 입원했다. 나는 한방병원에 갈 기회가 있어 가서 보니 이성국 교무가 왔다 갔다 하고 있었다. 나는 대산상사의 병실을 찾아가니 아무도 없었다. 나는 대산상사의 양쪽 발바닥을 만졌다.

그때 그 온화함과 단전으로 온몸이 하나로 되고 있는 모습을 보고 대단한 어른이라는 생각이 들었다. 그리고 나서 며칠 후에 구조실 방으로 모셨다. 교무들, 교도들이 멀리서 보고 있었고 시봉하는 사람들이 걱정 어린 눈빛으로 대산상사의 곁을 지키고 있었다. 열반 3일전 밤에 교타원 김혜신 교무와 함께 공회당 뒷마루에 앉아서 선을 하고 있었다. 꿈을 꾸듯이 일원상이 보이고, 88올림픽을 치룬 잠실운동장이 보이고, 광목으로 된 만장이 펼쳐지더니 온 우주가 만장으로 뒤덮였다. 그 순간에 '시방원이 이런 거구나' 했는데 갑자기 만장이 돌고 돌아 중도원이 되어 내 단전 자리로 들어가 버렸다. '일상원 중도원 시방원'을 보고 나서 너무나 희안하고 놀라서 김혜신 교무에게 말하니 "너무 좋다"고 했다. 이 우주가 큰 상을 하고 있는데 그것이 '일상원 중도원 시방원'이라는 생각이 들어서 너무 감사했다. 그런 경험을 하고 나서 대산상사께서는 3일 후에 열반하셨다.

1999(원기84)년 2월에 열흘 동안 동선을 마치고 3월엔 관례식을 올리는 등 본격적으로 학생들의 수업과 동아리 활동을 지도했다. 자타원 이진훈 교무는 식당 업무를 총괄하면서 두루 잘 살펴주었다. 그리고 이때 인연으로 지금까지도 후원해 주고 기도를 해 주고 있어 감사하다. 대학원대학교에 오면서 아버지 이름으로 1년에 40만원씩 장학금을 올렸다. 그동안 아버지에 대한 고마움에는 못 미치지만 보은의 마음을 그렇게라도 표하고 싶었다. 수도원 원로교무와 원로원 상산 박장식 종사를 자주 찾아뵙고 말씀을 들으며 보감을 삼았다.

총무부장으로 재직 했던 당시 전도연 학생이 저녁 염불 시간 이후 하루 감상이나 평가해야 할 때 모든 일에 솔선수범으로 일과 공부를 잘 했던 기억이 난다. 그 후 초타원 백상원 교무가 모스크바에 갈 사람으로 전도연 학생을 선발했을 때 나는 어디를 가든 잘할 것 같아서 굳이 해외까지 가는 것에 반대했다. 그러나 인연이었던지 전도연 교무가 모스크바교당으로 발령이 났다. 전 교무가 모스크바에서 이뤄낸 일들은 한국 종교사에 기록될 만한 일이라 생각한다.

9월부터 원광대 교육대학원(야간)에서 공부를 했다. 이유는 대종사 시절에 대종사께서 직접 제자들을 교육한 방법으로 교육의 형태를 바꿔야 된다는 생각이 들었다. 그리하여 '소태산의 교육방법에 관한 연구'를 주제로 연구했다.

연구 문제는 첫째, 제자들이 자각한 소태산의 지도 원리는 무엇인가? 둘째, 제자들이 자각한 소태산의 지도 방법의 특징은 무엇인가? 셋째, 제자들이 자각한 소태산과 제자의 관계는 어떠한가? 넷째, 소태산의 제자 수행 정도 평가 방법의 특징은 어떠한가? 등 이었다. 연구에서는 면접 방법을 사용하여 질문과 경험의 본질을 이끌어 내는 질문 유형을 택하였고, 자료 수집 및 방법은 개인 경험들을 인터뷰를 통하여 녹음된 자료를 사용했다. 이 부분에서 개인의 경험들을 기억에 의존하는 방식이므로 실제 상황을 정확하게 진술하지 못할 수도 있다는 우려 때문에 관련된 자료를 보완하여 보충했다. 이 면접 방법은 대상자의 이해력에 의한 진술과 일곱 명의 제한된 숫자에서 오는 불충분함과 연구자의 면접 방법의 미숙함에서 오는 한계가 있었음을 밝힌다.

저녁식사 후엔 원광대 수목원을 다니면서 기도하고 명상을 했다. 내 논문을 쓰기 위해 일곱 명의 원로교무와 대화하고 녹취를 했다. 쉬는 시간이 되면 티벳 〈사자의 서〉인 바르도를 듣곤 했다. 학생들과 상담하고 일기를 점검하는 일이 당시의 중요한 업무 중 하나였다.

2001(원기86)년에 논문을 발표했다. '소태산의 교육방법 연구'를 위해 면접 연구방법을 도입하여 소태산의 생존 제자들의 증언을 수집 정리했다. 체험의 본질에 의미를 두어 제자들이 직접 체험했던 의미와 기억을 바탕으로 현 시점에서의 해석 과정인 구술 방식을 택했다. 최종적으로 영역분석이 나와 자료를 분석한 결과, 소태산 대종사에게 지도받은 제자들의 교육방법 영역은 '원리', '통합 활용', '평등', '개별화', '상호작용', '단계별', '상황', '공동체', '훈련', '평가'로 10개 항목으로 대별 되었다. 10가지 교육방법 주제들은 소태산의

기도와 명상을 했던 원광대 수목원

'각(覺)'이라는 체험에서 나온 방법으로 깨달은 사람에 의한 깨달음을 실천하는 실천적 가르침이기 때문에 독자적인 영역으로 보이는 각 주제들 사이의 상호 연관을 찾아볼 수 있었다.

제자는 스승을 어떻게 바라보았을까? 이 관계에서 학습의 내용이 지식의 전달에 머무는 교육에서 한 걸음 나아가 내면화되고 실천으로 이어질 수 있는 과정을 초기 교사에서 나타난 방언공사를 통해 나타났다. 방언공사의 의미는 그 전달과정이 믿음(신심)이라는 탄탄한 토대를 바탕으로 이루어진 과정이었음을 최초 제자들의 증언을 통해 알 수 있었다.

결국 소태산과 제자 사이에서 교육의 내용(법)이 오롯이 전해질 수 있었던 교육방식은 스승이 제자들에 대한 믿음이었고, 제자들의 스승에 대한 '신(信)'이었던 것이다. 교육의 목적이 인격을 완성하는 이상적 인간상이라면 교육을 담당하는 사람은 교육받는 대상자를 인간적으로 성숙 발달시키는데 있어서 신뢰감을 구축하는 일이 교육의 우선임을 보여준다.

소태산 교육방법의 도입과 연구는 학교 교육 측면에서 교사와 학생들 입장에서 교육방법 연구의 관점에서 평생 교육프로그램 개발의 차원에서 전문적으로 연구되고 보완되어서 자아 완성을 실현하려는 인간의 교육에 폭 넓게 활용될 수 있는 방법이라는 확신이 들었다.

초등학교 시절 군산교당 일반법회에 문답 감정 시간이 있었다. 그때 마다 웃음바다로 만들며 이야기한 교도가 있어서 공부할 수 있었고, 내가 왜 여기에 와서 공부해야 하는지를 나중에 알게 되었다. 법당에 사진으로 모셔진 대종사께서 항상 함께해 주시는 것을 한참 후에야 알았다.

2002(원기87)년에 건강 때문에 단식을 했다. 혈압이 올라가고 있었다. 원광대와 총부를 날마다 걸었다. 영산에서 살 던 때가 문득 문득 떠올랐다. 대종사 십상을 모시고 늘 함께 살았던 시간들이었다. 육일 대재 전후에 '대종사 열반 과정을 찾아서'란 프로젝트를 학생과 교무들이 함께 제안했다. 단별로 서문 성 교무와 함께 순례를 했다.

내가 주도적으로 총부 육일대재 후 추모 프로그램으로 대종사께서 열반하는 과정을 당시 현장에 있었던 어른들을 모시고 이야기를 듣는 시간을 총부 역사박물관에서 가졌다. 그때 숭산 박광전 교무의 정토와 대종사의 아들인 원고 교장선생, 문산 김정용, 백산 이백철 원로교무들이 참여했다. 이 행사의 본래 뜻은 대종사께서 열반한 정확한 장소와 화장터 그리고 유해를 모셨던 장소 등을 고증하여 밝혀 두는 것이었다. 하지만 당시 대종사를 모셨던 분들 중 아실만한 분들이 없었고 오직 기억에만 의존하다 보니 정확한 정보를 얻기 어려웠다. 이런 자리가 추모담을 하는 어른들에게는 결과적으로 애틋한 추모담 보다는 대종사의 유해나 화장 등 사실적인 것을 알리려는 의도와 청중들의 질문에 문산 김정용 원로교무는 언짢은 표정으로 행사장을 나가버리는 역효과가 나기도 했다. 나는 부랴부랴 행사를 마무리할 수밖에 없었다. 그럼에도 나는 이 내용을 발전시켜서 십상 중 계미열반상을 더욱 풍부하게 내용을 제작하고자 했는데, 총장인 봉타원 김형철 교무가 "그 작업을 차광신 교무가 할 수 있도록 하라"는 말에 나는 접었다.

　가을에 아버지만 장학금을 하면 된다고 생각했는데, 친할머니, 친할아버지, 외할머니, 외할아버지 네 분 이름으로 장학금을 올려야겠다는 생각이 들어 이십 만원을 해서 올렸다.

　원불교대학원대학교 5년 동안 항상 대산종사의 대적공실 법문을 마음에 새기면서 공부했다. 대학원대학교 염불 시간에 염불 십송을 했으면 좋겠다고 건의하여 매일 염불 십송 공부를 하였고, 원광대 수목원을 걸으면서 티벳 〈사자의 서〉인 바르도를 연마했다.

　석사 논문을 통하여 대종사의 교육 방법에 대하여 연구할 수 있는 좋은 시간이 되었고, 대종사의 열반을 고증하면서 대종사께서 마지막으로 가신 길에 대한 연구를 했다. 결국 이 모든 과정이 나의 마지막 길에 대한 천착이었다는 것을 뇌출혈 수술 후에 알게 되었다.

꿈처럼 다가 온 무여열반

상록원에서 어머니와 함께

11월 7일 등이 아파서 자타원 이진훈 교무 숙소에 가서 부항 치료를 받았다. 매일 있는 염불시간에 총장과 교무들이 학생들에게 돌아가면서 한 말씀을 해야 하는 시간이 있었다. 일기를 발표하고 내가 이야기를 하는 차례다. 갑자기 머리가 빙 돌고 어지러워서 힘든 상황이었다. 내가 하려고 했던 이야기는 잊어버리고 무의식 저편에 있던 말들이 튀어나왔다. 학생들을 혼내는 상황으로 전개되어 속으로 이러면 안 되는데 하면서 말을 끊었다. 그리고 나서 법당을 나서는데 내가 한 말에 대해 어떻게 생각했는지에 대해 주혜은 교무에게 물어보았다. 주 교무는 "평소에 교무님이 혼내지 않으셨는데 잘하셨다"고 했다. 나는 속으로 '내가 말을 한 것이 무의식 저편에 있는 말을 이렇게 했구나' 하는 생각을 하고 있었다. 그때 2학년 대표인 조중현 예비교무가 다가와서 "교무님 제가 말씀 드릴게 있어요"라고 해서 "내 몸이 좋지 않으니 내일 하자"고 하고 서원관 2층 방으로 들어갔다. 들어가자마자 문을 잠궜는데 빙 돌면서 이상한 느낌이 왔다. 바로 인터폰을 해서 옆방 교무에게 전화를 하려고 했는데 인터폰을 어떻게 사용하는지가 기억나지 않았다.

　바로 옆에 있는 화장실로 기다시피 들어갔다. 일어서서 세숫물을 틀려고 했는데, 어떻게 물을 트는지 기억이 나지 않았다. 컵이 보였는데 용도가 무엇인지 알 수도 없었다. 주변에 있는 물건들의 이름마저도 기억이 나지 않았다.

　'영(靈)과 기(氣)와 질(質)이 분리되었다'는 느낌이 들었다. '영'은 있는데 몸은 움직이지도 않고, 언어가 무엇인가? 왜 여기에 있는지 '컴퓨터로 말하면 파일이 깨졌다'는 느낌이었다. 작동이 끊겨서 큰 시계 초점이 분리되어 낱낱이 분해되어 작동이 나름대로 있는 내 모습이 보였다. '이 일을 어찌 할꼬' 하는 생각만 있었다. 기어서 침대 쪽으로 가서 옆방에 인터폰을 하려고 했는데 어떻게 걸어야 하는지 기억이 나지 않아서 할 수 없었다. 그때 내 스스로에게 하는 말이 "희로애락이 다 사치구나" 하면서 다음 날 아침 9시까지 앉아 있었다. 앉아있는 동안 심연의 동굴 속으로 들어갔었다.

동국대 원의범 교수에게서 3학년 때 산스크리트어로 반야심경을 배우던 기억이 났다. 반야심경의 첫째 구절인 '관자재보살행심반야바라밀다시'가 범어로는 부처님께서 사리불에게 명상을 통해서 관세음보살이 반야바라밀다를 공부하는 모습을 보여주는 장면으로 시작을 한다. 그러한 부처님께서 명상으로 보여주는 장면이 나에게 펼쳐지는 것이었다.

새벽이 지나 아침에는 그 자리에서 똥을 쌌다. 똥을 보면서 냄새를 맡고, 손으로 만지면서 '이게 뭘까' 하고 있었다. 그때 '똑똑' 노크소리가 들렸다. 법일 교무가 "서울에 학회를 간다"고 했다. 내가 말을 못하고 소리만 끙끙대는 것을 보고, 가려다가 다시 와서 "문을 열으라"고 했다. 기어서 여기저기를 만지다가 다행히 문이 열렸다. 문을 열고 보니 내 모습이 희한한 인간이었다. 기억도 없고, 똥인지도 모르고, 반야심경을 산스크리트어로 본 것도 희한한 일이었다. 법일 교무가 온 것을 알았다. 그 옆에 고은경, 이경천 예비교무가 놀라는 모습도 보였다. 내 모습에 놀라서 바로 학생들이 보지 못하도록 내 방문을 닫고 총장이 와서 직접 청소하고 정리했고, 외출하려고 하던 고은경, 이경천 예비교무가 나를 부축하고 법일 교무와 함께 택시로 원광대병원으로 갔다. 원광대병원으로 들어가서는 CT 촬영을 한다고 들었다. 그 후에는 잠인지, 무의식인지 모르는 상태로 들어갔다.

나의 뇌출혈 상태는 심각하고 거의 12시간 동안 방치되어 있어서 빨리 수술을 하지 않으면 생명에 지장이 있는 상태였다. 그리하여 어머니가 상록원에서 병원으로 와서 수술 동의서에 사인을 했다. 3시간 후에 눈을 뜨니 수술대 위에 내가 있었다. 깜짝 놀랐다. 어머니가 나를 침대에 놓고 가는 모습이 보였고, 내 옷이 파란색 수술복이고, 머리는 깎여 있었다. 나는 의식을 차리고 '호랑이 굴속에 있어도 정신을 차려야 한다' 는 생각이 들어서 준비하고 있는 인턴, 레지던트, 간호사들에게 말을 하지 못했던 내가 말을 했다.

"내가 수술한다고 말을 하지 않았는데 왜 수술을 하는지 그 이유를 1, 2, 3으로 설명해 주세요." 그 때 주위에서 나를 보고 놀라서 두 아저씨가 나의 팔을 잡고 마취를 시키는데 '이제 나는 수술을 하는구나 마음을 챙겨야 한다'고 생각하고 수술에 임했다.

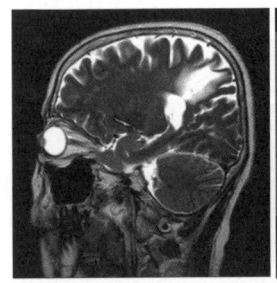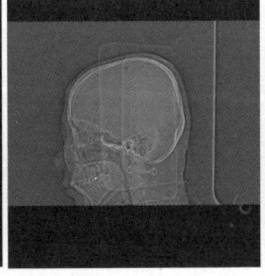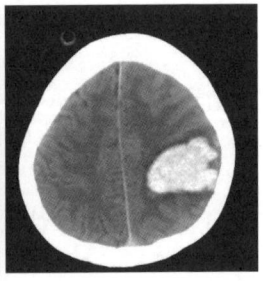

MRI 좌측측면, 흰색부분이 제거 부분.

긴 수술 중에 꿈처럼 '무여열반'이 떠올랐다. 나는 지금껏 '성불제중 제생의세'라는 명제로 살아왔는데, 왜 '무여열반'이 떠올랐을까? 하는 의문이 들었다. 왼쪽 뇌는 뇌출혈로 제거하여 빈공간이 되었고, 오른 쪽 뇌로만 살아야 한다. 수술 후 간호사가 나에게 이름을 물어보았다. 나는 황민정이라고 했다. 감사했다.

수술 후 입원실로 갔다. 이산 한덕천 교무와 딸, 아들이 왔었다. 나는 "감사합니다"라는 말을 했고, 그 다음 말은 잇지 못했다. 교무들 가족들이 와서 도와주었다. 수술 이틀 후 '무여열반'에 대하여 법일 교무에게 수술 중에 꿈처럼 나온 이 말이 무슨 뜻인가에 대해 알려준 것도 희한한 일이었다. 기억이 없는 사람에게서 나온 것도 재미있었다. 레지던트가 내 앞에서 법일 교무에게 하는 말이 "이 교무님은 인식이 안 될 겁니다"라고 하였다. 그때 나는 교무를 할 수 없을 것이라는 생각이 들었고, 수술을 집도한 김의영 교수는 "교무님 선하고 사세요" 라고 했다. "나도 그렇게 생각합니다"고 했다.

한 달 동안 부축을 받으면서 걸으며 재활운동을 했다. 수술 후 처음에 박성인 교무가 목욕을 시켜주었다. 황봉희, 양찬희, 최정안 교무가 많이 도와주었다. 그리고 이경천 예비교무 외 대학원 학생들이 돌아가면서 병원에 와서 음식 등을 챙겨 주었다. 김일안 교무 어머니가 간병인으로 한 달 동안 간호해주었다. 모두에게 감사를 드린다. 송천은 총장이 와서 많은 격려와 조언을 해주었다. 교무역할을 하기 어려울 듯해서 도서관에 내 책을 주고 옷도 다른 교무들에게 나눠 주었다. 나는 재활치료를 원대병원에서 하지 않겠다고 하고 수술 후 한 달 뒤 퇴원했다. 한 달 동안 많은 교무들이 와서 도와주고 살펴주어서 너무나 감사했다.

　이런 중에 중요한 일은 '나무아미타불'을 염송하며 염불을 한 일이다. 단어들이 기억이 안 나서 여기저기 날아다니는 획을 하나 하나 붙이고 붙여서 단어를 만들어 말을 하니 신기했다. 간병인이 일원상 서원문을 하기에 나도 해야 겠다고 생각하고 시작한 후 완벽히 되기까지 6개월이 걸렸다. 그런데, '나무아미타불'이나 '반야심경'은 무의식과 의식 사이에서 다 되는 것이 신기했다. '무여열반'에 대해서는 동국대 1학년 불교학개설 시간에 '무여열반'과 '유여열반'에 대하여 배우고 그것이 화두가 되었는데 그것도 신기했다. 병원에서는 재활치료까지 권하였는데, 나는 그냥 퇴원하겠다고 했다.

　12월 17일에 황봉희 교무가 나를 자기 근무지 불갑교당으로 데리고 갔다. 황토방에 따뜻한 보금자리를 만들어 주어서 너무 감사

불갑교당에서 치료 중에

했다. 1년 동안 그곳에서 잘 살았다. 영산과 불갑사 사이에 있어서 더 좋았다. 황봉희 교무와 동창 교무 김윤원, 백심덕, 양찬희 교무 등과 함평, 법성, 군남, 도양, 영광교당 교무들이 함께해 주어서 감사했다. 불갑에서 생활은 영광에 있는 한의원에서 일주일에 두 번씩 통원 치료를 받았다. 아침에는 내산서원에 가서 걷고 명상하면서 기도했다. 참회 기도였다. 일주일에 한 번씩 불갑사 그리고 용화사 등 주변 산천을 다녔다. 몸이 힘들어도 조금씩 좋아지는 느낌이 들었다. 함평교당 여덕혜 교무 운전으로 광주에 가서 황봉희 교무 동 광주교당 부교무 재직시 청년교도로 교도가 운영하는 접골원에서 치료를 받았다. 몸 자체가 굳어 있는 것을 풀어 주는 것이라서 고마웠다. 1년 동안 일주일에 한 번씩 영광에서 광주를 다녀오는 길에 동기 교무들과 함께 산천을 보고 음미하면서 내가 살아있다는 것을 실감했다.

잠을 자다가 수술 3개월 만에 꿈에서 수술 장면을 생생하게 보았다. 나는 공중에 떠 있었고, 김 교수가 내 머리를 수술하는 모습이 위에서 보였다. 그것을 보면서 '인과의 이치가 호리도 틀림이 없구나'라는 생각을 하였고, 이것이 나라고 표현할 수도 없고 나가 아니라고 할 것도 없는 그 상태가 펼쳐졌다. 영과 기와 질이 분리되지 않고 하나로 되어 있는 그런 느낌을 받았다. 이것이 법신이라는 것이 수증(修證) 되었다.

큰 사찰을 다녀왔다. 송광사, 선암사, 그리고 운주사는 특별했다. 무안에 가서 하얀 연꽃이 피는 회산백련지도 갔다. 아름다웠다. 초상화를 그리시는 분이 계셔서 내 모습을 부탁했다. 그 초상화는 하와이국제훈련원에 걸어 놓았다. 재미있는 나의 얼굴이다.

    가을에 광륵사 부근에 있는 고익진 교수 집에 갔다. 이미 열반했지만 동국대에서 공부를 잘 가르쳐 주신 교수이기에 첫 제자로서 인사하러 갔다. 스님이 나를 안다고 했다. 고 교수께서 나에 대한 이야기를 많이 했다고 한다. 책도 주고 이야기도 했다.

    겨울에 나성인 맨하탄교당 교무가 왔다. 불갑에서 1년을 마무리하며 교도들에게 고마운 마음을 전했다. 특히 정명선 교무 어머니의 김치는 예술이었다. 김교선 교무 가족들도 잘 해주었다. 현상호 교무가 교무자격 고시를 보고 왔다. 상호 교무에게 "나는 미국 갔다 올거다"라고 했다. 미국에 사는 언니와 대화를 하고 치료를 받으면 훨씬 좋아질 거라고 하며 갔다 와서 보자고 했다.

    그동안 나의 서원은 '성불제중 제생의세'였고, 그 서원으로 학생들을 가르치고 나 스스로도 그렇게 살기 위해 노력하였다. 하지만 뇌출혈이 되던 그 밤에 내 몸이 해체되면서 '무여열반'에 대한 강한 집념이 드러나서 이것이 무엇일까라는 생각을 하였다. 수술 후에 깊이 '무여열반'에 대한 천착을 한 결과 이생에서는 동국대학교에서 불교학 개설에서 부처님께서 든 열반 자리가 '무여열반'이라는 것을 배웠고, 더욱 깊이 들어가 보니 전생 이야기가 아니었나 생각이 들었다. 하지만 그 해답은 아직 풀리지 않은 채 미국으로 갔다.

살아난 기적, 살아갈 기적
- 미국으로

시카고에서 백상원 고무 심홍제 고무와 함께

2004(원기89)년 1월 초에 나성인 교무와 함께 뉴욕으로 갔다. 맨하탄교당에서 2~3일 정도 있다가 언니와 형부가 있는 뉴저지 집에 왔다. 일주일 동안 여기저기 다니면서 언니와 많은 이야기를 했다. 아버지 후신이자 조카인 제임스가 하버드에서 학부 졸업 후 석사과정 재학중에 있어서 언니와 형부가 나를 보스톤교당으로 데려다 주었다. 보스톤교당에 연락을 하고 초타원 백상원 교무와 김현오 교무를 만났다. 당시 융산 송천은 총장이 퇴임하고 하버드에서 연구교수로 있어서 정토회원과 만나 함께 식사하고 제임스를 인사시켰다.

초타원 백상원 교무가 시카고로 가서 신산 김양수 교도회장의 진료를 받는다고 했다. 그때 시카고교당의 심홍제 교무에게서 급하게 나에게 전화가 왔다. 바로 초타원 백상원 교무를 따라 시카고로 오라고 하는 것이었다. 신산 김양수 교무가 내과 전공이니 도움이 될 것이라고 했다. 그래서 초타원 백상원 교무와 함께 시카고로 가서 진료도 받고 4개월 정도를 치료받고 병원에 몇 번씩 가서 심장

시카고교당 심홍제교무, 해타원, 진타원과 함께

시카고교당에서 신산 김양수 교무와 함께

등 치료를 받았다. 교도회장이면서 교무라서 일주일에 한 번씩 교리 강의를 해 주었는데 명강이었다. 시카고에 간지 얼마 안되어 정신과 의사 교도가 있었는데 나보고 설교를 하라는 것이었다. 말도 잘못하는데 어떻게 설교를 하는가? 하며 망설이자 치료에 도움이 되니 해 보라고 했다.

심홍제 교무는 과감하게 "이번 주는 내가 하고 다음 주는 황 교무님이 하라"고 하는 것이었다. '이게 가능할까?' 하며 반신반의했다.

나는 처음에는 뜨문뜨문 설교를 이어갔다. 법회 후에는 신산 김양수 교무가 문답감정을 해 주었다. 교당에 1시간 이상을 차로 오는 교도들이라서 부담도 됐지만 너무 감사했다. 교도들이 "잘 하셨다"고 해 주어서 용기가 나서 일곱 번을 설교했다. 마지막에는 용타원 서대인 종사가 열반해서 천도재 법문까지 했다. 교당에 잘 나오는 교도들은 혜타원, 진타원, 성타원, 외과의사 김 모 원달마 센터 이사장 등이 있었는데 교도들과 골프도 2번을 쳤다. 당시 법회 사회를 본 사람은 석산 한정석 교무 딸이었다. 아들과 함께 교당에 와서 어린이 법회에 참석했었는데 참 좋은 딸이었다. 시카고 시내를 걸으면 중세에 들어온 느낌이 들었다. 4개월 동안 교무와 교도들과 회장단들의 호의 속에 한 단계 도약하는 계기가 되었다. 교무들의 정성스러운 교화로 시카고교당이 활짝 필 것 같았다. 이후 2008(원기93)년에 시카고 교도들이 방배교당을 방문했는데 식사대접을 해드렸다.

뉴욕에서 동부교구 교무와 교도회장 회의가 열린다고 해서 시카고에서 생활을 마무리하고 교무들과 뉴욕으로 갔다. 회의를 하고 나성인 교무가 있는 맨하탄에서 한 달 동안 경희한의원에서 이오은 교무와 함께 치료를 받았다. 전현철 한의사는 '문선명 목사의 주

시카고교당 교무와 어린이들과 함께

치의로 7년을 일했고, 달라이 라마 치료도 했다'고 했다. 중풍 클리닉을 해 주고 귀한 약재로 만든 한약도 주었는데 한국에 있을 때도 약을 보내 주었다.

　미국에서의 7개월은 기적과 같은 일이었다. 수술 후유증으로 말이 안 되는 상태로 가서 여러 분들의 도움을 얻어서 결국 늦지만 말을 할 수 있게 치료를 해 준 것이 너무나 감사했다. 특히 시카고교당의 신산 김양수 교무의 정성스러운 치료와 뉴욕 경희한의원 전현철 한의사의 약물과 침 치료는 나의 몸과 마음을 함께 치유해 주어서 이곳은 나에게 은생지이자 법생지라는 생각을 하게 되었다.

부처님을 만나다
- 망각의 강에서 기억의 강으로

보드가야에서 단체사진

미국에서 다양한 인연들을 만나고 더 좋아진 모습으로 7월 중순 한국으로 돌아왔다. 홍원정 교무가 있는 서울 대치교당에 있으면서 한서자기원 자석치료를 받았다. 이때 혼자 서울을 걸어 다니면서 관광을 잘 다녔다. 그동안 내가 보지 못했던 서울의 비경을 볼 수 있어서 좋았다. 한강이 품고 있는 아름다운 산천과 남산의 전망대에서는 내가 공부했던 동국대도 보였다. 대치에서 12월 초순에 나와서 어머니가 있는 상록원으로 갔다. 거기서 총부와 원광대 수목원을 많이 다녔다.

대학원 총장인 김형철 교무가 이번 겨울 방학에 대학원 교무들과 인도 성지순례를 가자고 했다. 그 일행에 나와 이선조 교무를 참가시켜 주었다. 사실은 '내가 갈 수 있을까?' 했지만 뉴욕도 다녀왔는데 하면서 용기를 냈다. 12월 17일 대학원 식구들 10명과 함께 인천공항에서 출발하여 싱가폴을 거쳐 인도 뉴델리에 자정 무렵 도착했다. 인도에 온 첫 느낌은 고향에 온 것 같아서 반가웠다. 그리고 늘 인도는 부처님의 고향이라 사모해 왔던 곳이었다.

12월 18일 인도 첫 일정인 간디 묘소를 참배하는데 간디의 일생을 생각해 보니 눈물이 났다. 바하이교의 연꽃 사원을 관람했다. 이와 같이 뛰어난 조형물이 원불교에서도 만들어지기를 염원했다. 저녁노을이 비친 연꽃 사원 건물의 조화로움이 대단했다. 우리는 원불교 델리교당에 가서 법신불 일원상을 참배했다. 이선조 교무의 발의로 델리교당에 탁구대 공양을 했다. 델리교당 원현장, 장현철 교도회장, 이법전 교도가 환영해 주었다. 대치교당에서 시작한 자석치료를 날마다 자기 전에 정성스럽게 했다. 19일 델리에서 자이푸

르 분홍도시를 5시간 걸려서 다녀왔다. 20일 아그라의 타지마할 묘를 보고 많은 생각이 들었다. 타지마할의 아름다움 이면에 숨겨진 왕좌를 둘러싼 아들과 아버지의 다툼들이 있었다고 생각하니 아름다움과 추함이 공존하는 타지마할이 다시 보였다. 21일 기차와 택시를 타고 차 속에서 인도의 풍경을 봤다. 카주라호 주변의 길이 수목으로 우거져 아름다운 길이 되었다.

    22일 카주라호를 관광했다. 23일 바라나시의 녹야원으로 갔다. 갠지스강에서 화장하는 것을 보고 정서상 거부감을 느꼈다. 녹야원은 그윽한 부처님의 숨결이 들리는 듯했다. 드디어 부다가야 사원을 들어가는데 입구부터 인산인해였다. 까르마파 티벳 스님 1만 명이 모여서 12월 7일부터 28일까지 세계평화 기도식을 하고 있었다. 강의와 챈팅 의식 소리가 우주의 소리 같았다. 티벳 불교 스님들

인도 녹야원에서 주혜은 고무와 함께

의 순수한 마음에 부다가야는 찬란했다. 부처님께서 대각하고 49일 동안 7번 명상을 한 곳을 둘러보고 보리수 대각터에서 문을 열고 들어가자 찬란한 부처님께서 앉아 계셨다. 그 광경에 저절로 눈물이 흘렀다. 그곳에서 일원상의 진리, 법어, 일원상 서원문을 암송했다. 인도 - 스리랑카 - 티벳 - 일본이 불교 중흥의 역할을 했고, 우리나라 원불교가 일원 세계를 모토로 등장한 것은 일원화 불은화하기 위함이라는 생각이 들었다. 25일 영산회상이 열린 영축산에 갔다.

그곳 곳곳에 있는 토굴 안에서 수행했던 기억이 새롭게 느껴졌다. 영축산에서 부처님 옆에는 아난의 토굴이 있었다. 그곳에서 향기가 났다. 나는 원불교 교가 앞 구절인 '영산회상 봄소식이 다시와' 노래를 상기하였다. 부처님께서 처음으로 선을 나신 죽림정사를 돌

영축산 아난굴 앞에서

아보면서 익숙한 느낌이 들었다. 부처님의 향기가 났다.

나란다 대학은 세계 최초의 대학이다. 가로 11.6 킬로미터 세로 6.3킬로미터의 규모로 아직 발굴이 10분의 1만 되었다고 한다. 가르쳤던 과목은 범어, 팔리어, 역사, 지리, 엔지니어, 의학, 탄트라, 요가 등 108개의 학과였고, 서기 5세기부터 12세기까지 운영을 했다고 한다. 사리자의 집이 대학 안에 있었다. 부처님, 아난 그리고 사리자와의 만남 속에서 밤마다 공부하는 모습이 떠올랐다. 나는 과거 생에 이곳에서 교수로 있었다는 느낌이 들었다. 26일 바이샬리 성탑 성지순례를 했다. 당시 유일한 공화국이었던 곳으로 부처님께서 아난존자의 간청으로 여성 출가자를 허락하였던 곳이다.

그 아난존자를 기념하기 위해서 불탑이 조성되었다. 부처님 사후 100년 후 2차 결집대회가 있었던 곳이고 재가 불자인 유마거사의 고향이기도 했다. 부처님께서 열반 3개월 전에 예언해 준 아난다 탑이 잘 보존되어 있었고, 탑 주변에 여성 출가자들의 숙소로 쓰였던 유적들이 있었다. 부처님의 이모와 그 아내도 출가시켰다. 부처님 제자였던 암라팔리가 희사한 망고 동산도 넓은 부지로 있었다. 그 숙소를 보면서 그 당시 여성 출가자들을 위한 숙소가 있었다는 것이 놀라웠다.

여성 승방 그곳에서 금강경, 묘법연화경 등 대승 경전을 공부하였다고 한다. 그리고 댐에서 부처님께서 목욕하였다고 한다. 여성 출가자들이 아난다에게 감사함을 표하기 위하여 공헌한 것으로 아난다 탑이라고 하였다.

쿠시나가라에 가까이 가면서 슬픔이 다가왔다. 부처님이 열반하시는 것에 대한 슬픈 감정이 복받쳐왔다. 망각의 강가에서 기억의 강가로. 쿠시나가라 호텔로 가서 다음 날 열반지를 보기 위해 잠을 자기 전에 선을 하는데, 드라마 같은 모습이 보였다. 많은 대중들이 군집하고 오백 아라한들이 선을 하고 있는데, 우물가에서 내가 말을 하는데 '나도 부처님처럼 무여열반을 꿈꿔야지(슬픔 속에서)' 하는 나의 모습이 보였다. 수술 중에 내가 왜 '무여열반'의 꿈을 꾸었을까 했는데 그때서야 알았다.

기억의 강가로 들어왔다. 망각의 여신인 레테(Lethe)의 강가에서 기억의 여신인 므네모시네(Mnemosyne)의 강가로 3천년 동안 잊지 않고 살았던 것을 기억했다는 것이 고마웠다.

기원정사를 갔다. 24년 동안 설법을 하셨던 곳이다. 부처님방, 아난방, 라훌라방, 사리불방을 참배했다. 마치 그곳에서 부처님과 사리

바이샬리 아난다 탑에서

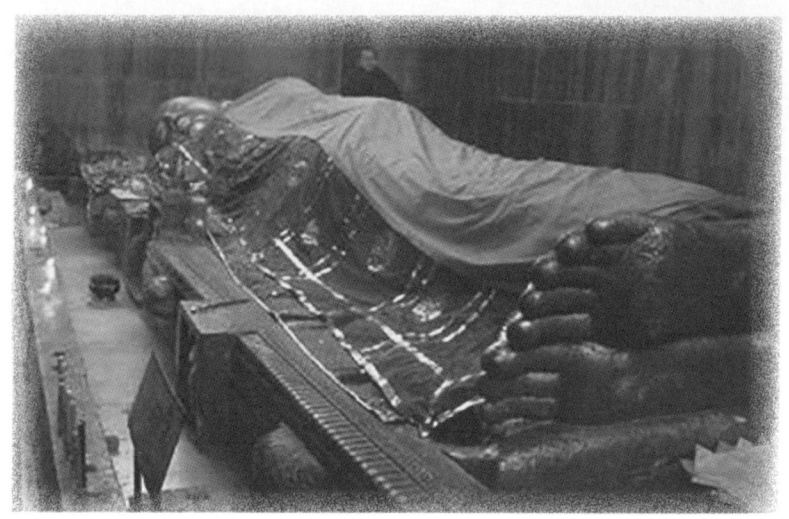

쿠시나가라 부처님 열반상

자와의 대화를 하며 '관자제보살의 모습을 보라'고 말씀하는 것이 눈에 선했다.

28일 코살라 성의 아침 해가 오색으로 떴다. 연잎이 천개가 펼쳐지는데 연잎에 불상이 나타나는 것이 신기했다. 수달 장자(수닷타, 별명: 아나타핀다카: 불쌍한 이를 돕는 자)는 부처님을 모시기 위해서 기원정사를 지었고, 부처님께서 기원정사에 오셨을 때 외도들이 부처님을 시험하기 위하여 코살라 왕에게 마술 대회를 개최할 것을 건의하였다. 부처님께서는 마술대회 장소를 망고 나무숲에서 한다고 이야기 하셨다. 그런데 외도들이 근처 망고 나무를 모두 잘라 버렸다. 당일이 되어 부처님께서 망고를 하나 드시고 씨앗을 땅에 심으니 망고 나무로 자랐다. 그곳에서 마법의 기적을 행하고 외도들을 굴복시켰다. 그 후 천신이 되신 어머니셨던 마야 부인을 위해 도솔천에 설법하러 갔다. 그 결과 어머니는 아라한과를 받고 해탈을 하였다. 부처님께서 천상에 계시는 3개월 동안 사리불이 대중을 이끌고 기원정사에서 선을 났고 사리불이 부처님께서 상카시아로 내려오신다는 것을 알고 그곳으로 가서 부처님을 맞이하였다.

기원정사에서 룸비니를 가기 위해 네팔 국경을 넘었다. 마야 부인이 부처님을 낳으시고 7일 만에 돌아가셨다고 한다. 길 위에서 아기를 낳았는데 그곳을 기념하기 위해서 아쇼카 대왕이 기념 석주를 세웠다. 그리고 근방 10여 리에는 세금을 면제해 주는 특별 정책을 수립하였다고 한다.

룸비니에서 기도하고 동쪽으로 해가 붉게 떠 올랐는데 오색 빛이 나왔다. 부처님께서 탄생한 곳이라 기운이 다르다는 것을 느꼈

포카라에서 자타원 이진훈 고무와

다. 룸비니에서 자동차로 7시간 동안 히말라야 산을 돌고 돌아 포카라에 당도했다. 안나푸르나봉을 보면서 환희로운 시간을 보내고, 버스를 타고 호수를 보면서 시내를 구경했다. 이하정 교무가 안내를 했는데 네팔 아가씨 음식 솜씨가 뛰어났던 기억이 난다. 김치, 나물 등을 편안하고 맛있게 먹었다.

30일 해돋이를 보기위해 걸어서 히말라야 사랑코트에 도착하여 함께 기도했다. 안나푸르나 산길에서 이하정 교무가 나에게 하는 말이 "숨어서 인재를 키우라"고 했다. 고마웠다. 8천 미터가 넘는 산들이 먼저 붉게 물드는 해돋이를 보면서 대종사님과 역대 종사위 선진들의 모습 같은 느낌으로 비쳐왔다.

12월 31일 포카라에서 카트만두까지 자동차로 9시간이 걸려 도착하였다. 오는 길에 주혜은 교무와 하얀 연꽃 경인 묘법연화경의 일불승과 수기 그리고 법신, 보신, 화신인 삼신 사상에 대해서 이야기를 하니 몸이 가뿐했다. 네팔에서 새해를 맞이하는 것에 감사를 드렸다.

2005(원기90)년 1월 1일 카트만두 원광 센터에서 올해 인사이동 결과를 듣게 되었다. 왕초보 보좌교무로 서진주교당에서 살 수 있도록 해 주심에 감사기도를 올렸다. 성지순례를 통해서 시기불 등 과거칠불 사원과 제3의 눈이 있는 보다나트를 참배했다. 그 눈을 중심 잡고 중도 중화로 살아가는 길임을 알았다. 법신, 보신, 화신이 결국 하나인 자리라는 것을 느꼈다.

1월 2일 델리교당으로 왔다. 장도형 교도회장이 식사 공양을 해 주었다. 인도에서 맞이하는 신년식에서 김형철 총장이 설법해 주었다. 장 회장의 감상담도 있었다. 마지막으로 인도 국립박물관에서 부처님 진신 사리를 친견했다. 오후 5시 델리 공항으로 가서 싱가폴을 경유하여 인천 공항에 오후 4시 30분에 무사히 도착했다. 익산에 도착하여 대학원에서 식사를 하고 상록원에서 어머니를 만났다.

꿈과 같이 인도 성지순례를 다녀왔고, 꿈과 같이 부처님을 만날 수 있어서 너무 감사한 시간이었다. 특히 내가 수술 중에 '무여열반'을 바라고 있는 나의 모습이 보여서 '왜 성불 제중이 아니고 '무여열반'이었지'하는 의문을 가졌었는데, 부처님의 열반지에 가서 그 이유가 해소 되었다. 2500년 전 부처님의 제자로 있으면서 나도 부처님처럼 '무여열반'을 해야겠다는 다짐을 한 것이 선명하게 보였다. 결국 의문은 성지 순례를 통해서 해결 되었고, '망각의 강에서 기억의 강'으로 건너갈 수 있도록 한 것은 바로 유무념과 일기법 공부였다.

수술 전 나는 출가 이유가 삼세 부모 조상님들에게 은혜를 갚기 위해서였다. 하지만 수술 후 인도 성지순례를 다녀와서는 삼세 부모 조상뿐만 아니라 삼세 제불제성에 대한 보은으로 그 대상이 확장되었다. 결국 뇌수술을 통해서 무의식 속에 잠재된 나의 과거가 깨어났고, 그것은 바로 삼세 모든 부처님과 성현들의 가르침과 은혜 속에서 살아왔던 나를 발견할 수 있었다. 결국 그 은혜를 다시 갚는 길은 내가 대종사님 일원교법으로 새로 태어나는 은혜를 받았듯이 교화 현장에서 교도님들에게도 대종사의 교법으로 새로 태어나는 기회를 주어서 은혜를 받게 해 주는 길이라고 생각되었다.

다시 교화현장으로

방배교당 전경

1월 중순에 동창인 양찬희 교무가 있는 서진주교당 보좌교무로 발령을 받아 진주로 갔다. 아직도 말이 잘 안되어서 어린이와 학생 그리고 청년 교화를 해 보기로 했다. 서진주교당 창립주 부부인 교도회장 경산 이원경 교도의 부인인 성타원 유익순 주무가 유명한 분인데 '내가 오기 전날 꿈을 꾸었는데 이상한 꿈'이라고 했다.

처음에는 내가 관세음보살로 왔는데 장면이 바뀌면서 예수가 부활하는 모습으로 왔다는 것이다. 너무 이상해서 "어떤 교무가 오는지 얼른 가서 보자고 했다"고 한다. 아마도 그 꿈의 의미는 내가 인도 성지순례를 통해서 부처님을 만나고 나서 다시 교화 현장에서 부활하라는 뜻이라는 생각이 들어 감사했다. 재미있는 꿈이었다. 그분들에게 내가 수술했던 때의 일에 대하여 이야기 해줬다. 그 뒤로 그분들이 항상 옆에서 도와주었다. 그리고 어린이법회는 늘 진주성으로 가서 영화도 보고 산책을 했다. 교도님들이 간식을 잘 챙겨줘서 잘 먹고 다녔다.

여름방학 때 대학원 2학년에 다니던 현상호 예비교무가 왔다. 내가 어린이 법회를 통하여 박동욱 교무의 '삼천년의 꿈'을 알고 있어서 현상호 교무가 김일안 교무를 통해 시나리오를 가져다 법인절 행사에 공연을 했다. 김성제 교도와 청년들이 인형극을 만들었다. 내용이 좋아서 교도들과 옆집, 가까운 사람들이 와서 꽉 찬 인형극을 재미있게 보았다. 어린이, 학생, 청년들이 다 와서 그림을 그리고 김성제 교도와 학생, 청년교도들이 성우로 등장하여 좋은 연극으로 탄생됐다. 지금 생각해도 교당에 어린이, 학생, 청년, 일반교도들 하나 되어 이 일을 한 것이 너무 고맙고 감사하다.

서진주교당 교도들과의 관계가 참 재미가 있었다. 유치원에 있는 교도들이 있어서 함께 대화하고 공부했다. 청년들은 어린이집 청년들이 3명과 정토회원이 있었다. 함께 청년 법회를 보았다.

서진주교당에서 1년을 마무리 하면서 당시 총무부장이었던 죽산 황도국 교무에게 "몸 상태가 많이 호전되어 교당을 맡아서 갈 수 있으나, 혼자는 어려우니 내가 추천한 현상호 신규 교무와 함께 중·소도시로 발령을 내주시면 좋겠다"고 부탁을 했다. 나중에 안 일이지만 당시 신규 부교무는 서울이나 부산 대도시로 가야되는 상황이므로 서울 방배교당으로 발령이 났다는 것이다. 나는 서울 교화가 가능할 지에 대해서 걱정이 많았다. '장차 이 일을 어찌 할꼬?' 하는 물음표가 생겼다.

2006(원기91)년 방배교당으로 오고 보니, 대치교당에서 4, 5개월을 자석 치료를 했기 때문에 그나마 몸이 좋아져서 서울로 오게 된 것을 고맙게 생각했다. 부임 얼마 후 대치교당 홍원정 교무가 "예타원 전이창 종사께서 5000년 충신열사 천도재를 하라"고 하셨다는 것이다.

그래서 우리도 방배교당 교도들과 함께 충신열사 특별 천도재를 매년 1월에 한 차례씩 3년간 지냈다. 일주일 동안 천도재를 올리면서 우연히 과거 내가 왕으로 있으면서 얼마나 많은 사람들을 참혹하게 죽였는지를 알게 되자 눈물이 났다. 그러한 살생의 업으로 이생에 단명보를 받을 운명이었으나 출가한 덕에 지금까지 살고 있다고 생각하니 삼세 부모 조상님들과 삼세 제불제성에게 너무나 감사했다. 대참회로 다시 인생을 시작하는 마음으로 기도문을 떠듬떠듬

읽으면서 최선을 다했다.

　방배교당 역사는 1975(원기60)년 원남교당 연원교당으로 흑석교당이라는 이름으로 탄생했다. 승타원 송영봉 교무가 교감교무로 재직시 원남교당 주임교무였던 조효경 교무가 초대교무로 발령받았다. 서울에서 한강 이남 최초 교당으로 당시 원남교당 주무들이었던 장타원 김현덕 교도(창립주), 모타원 이은경 교도와 효타원 이경천 교도(김인소 교무 어머니)가 주축이 되어 흑석교당 창립 인연이 되어 공부심도 장하고 사업도 잘하셨다.

　모타원 이은경 교도는 사고로 딸을 잃은 슬픔에 선 수행을 통해서 그 슬픔을 극복하던 중 갑자기 한 밝은 빛이 나와서 하나의 세계를 체험하였다. 그 체험을 바탕으로 법문할 정도로 적공 잘하는 교도였다.

　방타원 은도기화 교도의 인연은 깊은 것 같았다. 막내아들이 프랑스에서 살다가 어머니를 뵈러 한국에 왔을 때 법회 시간에 감상담을 하였다. 그 인연으로 교도들이 중매하여 배성진 청년회원과 결혼하여 현재 프랑스 노르망디 선방 옆에서 살면서 도움을 많이 주고 있어서 프랑스 현지 교무들의 칭찬이 대단했다.

　현타원 정경진 교도는 항타원 이경순 종사가 대구교당에서 봉직할 때 항타원 종사와 하나가 되었다고 했다. 과거 생에 항타원 종사께서 가야산 해인사 주지로 있을 때에 팔공산 은혜사 주지가 현타원 정경진 교도였는데, 그 시절에 다람쥐가 사람 몸 받아서 현타원 정경진 교도의 가정 도우미가 되었다는 이야기를 재미있게 해주었다. 단지 자녀들이 원불교로 연결되지 않아서 아쉬웠다.

효타원 이경천 교도는 원남교당에서 왔는데 김인소 교무의 어머니이다. 자부인 손양명 교도는 과거에 원불교학과를 다니다 김인소 교무의 동생 김인균 교도와 결혼을 했는데 2남을 두었다. 두 부부가 교당 합창단 지휘와 피아노를 맡아서 열심히 활동을 했다. 그 후 둘째 아들 김민성이 원불교학과에 2009년에 입학했다. 큰아들 김민수는 공부도 잘하고 원불교 청년회장과 결혼하여 잘 살았다. 방배교당 청년회는 활성화된 편이었다.

안동 출신으로 녹색당에 출마한 허성규 교도도 연세대 재학시절부터 방배교당 청년법회를 함께했다.

맹타원 배연경 교도는 정성스럽게 교당에 잘 다니며 끝까지 자녀들을 교당으로 인도하려고 했는데 뜻대로 잘되지 않아서 아쉬움이 많았다. 영타원 김주영 교도는 남대문 시장에서 액세서리 점포

방배교당 역대 교무진과 회장단

를 하며 열심히 사시는 분이었다. 울산교당 출신 정인창 교도와 윤순화 교도의 가족이 딸 손주까지 함께 다니셨고, 최철성 교도회장은 교단에서 교화사업회장을 역임하였다. 그리고 혜타원 김혜연 교도는 꽃꽂이와 교당 일을 잘 해줬다. 지금은 보스톤에서 딸 가족들과 함께 살고 있다.

안타원 유청안 교도는 교당을 많이 관리해주던 교도로 참하고 일을 제대로 잘했다. 경타원 신경원 교도도 어려운 살림에 교당 일을 소리 없이 도와주었다. 정양원 교도도 늘 내 옆에서 웃으면서 도움을 주었다. 김연원 교도는 여수교당 창립주 딸로서 교당 일에 솔선수범했다. 그리고 유지성 교도는 항상 밝고 훈훈했는데 가족 그리고 손주 손녀들과 함께 교당을 나오며 나에게 참 잘해 주었다. 오도문 교도도 교당에 늘 빠짐없이 다니며 궂은 일을 도맡아 해 주었다.

박인덕 교도는 단장으로서 리더십이 있어서 교화단 활동을 잘 하였다. 손덕인 교무의 어머니인 박순전 교도는 일원가족으로 열심히 교당 주무 역할을 하였다. 조순정 교도의 남편 조순영은 국회의원도 하고, 김대중 대통령 때 정무수석도 했었다. 강혜덕 부회장은 유성교당 출신으로 학원을 운영했다. 안성열 교도회장은 한국방송 직원이었고, 퇴임하고 부인과 교도로서 교화를 잘 했다.

이외에도 비산 김장석, 성산 서성진, 주산 박동영, 민타원 김도전 교도, 그리고 장산도에서 온 박현경 교도와 그 딸인 라은보 가족이 참으로 잘했었다. 모두가 어렵지만 교당일은 혈심혈성으로 했었다. 특히 김덕인 교도의 시아버지는 일산 장동윤 교도로 교단적으로 큰 일을 했는데, 서울원광신협이 해체되면서 돈을 못 받아서 힘들게 살

앉으나 열반을 법 있게 해서 고마웠다.

이런 중에 현상호 교무가 고등어 요리를 하다가 손을 다쳐서 마이크로 병원에 가서 치료를 받았던 일도 기억 속에 저장된 일 중 하나다.

2007(원기92)년 겨울에 현상호 교무가 강촌 스키장에 갔다가 무릎(오른쪽 전반, 좌측인대) 파열로 산본병원에서 수술 치료를 받았다. 교도들이 조금씩 늘어나자 교당을 어떻게 어디로 옮길 것인가에 대하여 회의를 많이 했다. 그리고 법인절에는 연극 '삼천년의 꿈'을 업그레이드하여 공연을 성대히 마쳤다. 교당 설립 30년을 지내고 우리가 31년에 왔기 때문에 33주년을 기념하기로 하고, 1년 동안 공을 들이도록 회의했다. 이때 사용할 목적으로 당시 스카우트에서 근무 중인 김덕영 교무에게 '원만이'매듭 인형 만 개를 만들자고 제안하여 열심히 함께 만들었다.

2008(원기93)년 방배교당 33주년을 위한 회의를 통해 교당 입구를 넓히는 리모델링 공사를 했다. 이를 통해서 교당 모습이 변화할 수 있었다. 5천년 충신열사를 위한 특별 천도재를 일주일 동안 올리고 교도들과 현충원에 가서 참배하면서 그동안 알고도 짓고 모르게도 지은 모든 죄업에 참회하는 기도를 했다. 대각개교절에 매듭 인형 '원만이 매듭' 만개를 학생들과 교도와 교무들이 함께 주변에 돌렸다. 참으로 은혜로운 시간이었다.

8월 21일 법인절 오후에 33주년 기념식을 승타원 송영봉 종사를 초청해서 의미있게 지냈다. 점심 공양 후에 연극 '3천년의 꿈'을 김일안 교무 연출로 성공리에 마쳤다. 한 달 동안 공들여 연습한 연극이었다.

　가을에 미국에서 나를 치료해준 뉴욕에 있는 경희한의원 전현철 원장이 왔다. 심장 수술을 하고 기억이 안 나서 잊고 살다가 기억이 되살아나서 "교무님 어떻게 살고 있는지 궁금해서 왔다"고 했다.

　전현철 원장은 경희대 한의학과 첫 회 졸업생으로서 대학에서 강의도 잘했다. 전 원장은 "심장 수술을 하다가 의료사고로 인해서 산소가 뇌로 가지 못해서 1년 동안 일을 못하고 기억력도 저하되어 힘들었다"고 하면서 "어떻게 기억이 되살아났는지 이것이 궁금하다"고 했다. 나는 "그동안 대종사님의 훈련법으로 살았고, 유무념 공부로 하루를 대조하면서 일기를 쓸 때 3분 정도 24시간을 리뷰하면서 무엇을 했는지 유무념을 체크하고 나서 일기를 쓴다"고 했다. 또 "이렇게 훈련법으로 공부를 해 보니 기억이 나고 인식이 되면서 퀼트처럼

방배교당 설립 33주년 기념 법회

시·공간을 자유자재로 할 수 있었다"고 했다.

　방배교당에서의 3년은 내가 교도들에게 가르쳐 준 것보다 오히려 교도들로부터 배운 것이 더 많은 은혜로운 시간이었다. 법사단 어른들로부터 여유로운 심법과 법답게 운심 처사하는 모습들을 배웠고, 젊은 교도들이 열심히 교당과 일터를 오가면서 살아가는 모습 속에서 끊임없이 정진해야 한다는 것을 배웠다. 청년들로부터는 빠르게 변화하는 한국사회에서 적응하려고 하는 모습을 보면서 나도 변화해야 한다는 것을 배웠고, 어린이들로부터 순수한 마음을 배울 수 있어서 좋았다.

　3년간 '5천년 충신열사 특별 천도재'를 통해서 알고도 짓고 모르고도 지은 과거의 업장을 참회했고, 방배교당 33주년 기념식 때 '3천년의 꿈'이라는 연극을 통해서 어린이, 학생, 청년, 일반법회 교도들이 함께 할 수 있는 계기가 되어서 좋았다.

중음 (바르도)에 머물다
- 한국에서 미국으로 가는 중간 단계

　현상호 교무가 "꿈에서 '오아후'라는 글자가 나오는 꿈을 꾸었다"고 했다. 승타원 송영봉 종사가 산본병원에 치료를 받으러와서 인사를 드리러 가니 "앞으로 교화를 하는 것은 어려울 테니 훈련원 쪽으로 가면 어떻겠냐?"고 했다. 나도 "그렇게 생각한다"고 하고 "혈압이 높아져서 쉬면서 하겠다"고 말했다. 교당으로 돌아와서 '오아후'는 하와이 주의 7개 섬 중의 본 섬 이름인데 현상호 교무 꿈이 어떤 의미였까 생각을 했다. 그 해에 하와이국제훈련원으로 현상호 교무와 함께 발령을 받았다. 그러나 비자가 나오는 일이 쉽지 않았다.

　2009(원기94)년 1월에 방배교당을 떠나 총부로 내려와 상주선원에서 기거하며 상록원에서 생활하는 어머니를 자주 만났다. 그러면서 원광대 수목원 산책과 요가를 꾸준히 했다. 몸이 말을 잘 안

들었지만 공부심으로 했다. 어머니와 함께 막내 차를 타고 선유도를 다녀왔던 기억이 좋았다. 어머니는 중풍이 여러 번 왔지만 요가를 통해서 극복했는데 의사들이 '대단한 어른이다'고 했다. 대장암이 발견되어 원광대학병원에서 수술했다. 하지만 중풍이 와서 아들들은 삼성병원에 모시고 가서 수술하려고 했는데, 어머니가 "가까운 원광대학병원으로 가자"했다. 진단 결과 나이가 있어서 뇌수술은 어렵고 약물치료를 하게 되었다. 그때는 '곧 열반 하실 것 같다'고 생각이 들었는데 지금까지 13년 동안 건재한 것은 늘 기도하며 공부하는 덕분인 것 같아서 감사할 뿐이다.

이런 중에 교학과 사감이었던 주혜은 교무와 백현린 교무가 요가를 했었는데, 나의 치료에 도움이 된다고 요가를 함께 할 수 있도록 안내를 해줬다. 요가를 배워 두면 훈련원에 가서도 활용할 수 있을 것 같아 현상호 교무와 같이 자이나 요가원을 다녔다. 이때 뇌졸중으로 휴무 중인 이도전 교무도 백현린 교무의 안내로 요가원에 왔다. 이것이 계기가 되어 동창인 이도전 교무와 가끔씩 만나서 같은 병을 가진 환자로서 나의 이야기를 경청해 주었다. 하와이에서는 운전을 해야 할 상황이라 운전 면허를 위해 이리자동차학원을 다녔다. 왼쪽과 오른쪽, 방향 감각이 왔다 갔다 하면서도 합격이 되어 너무나 감사했다. 가까운 곳에 시장을 보러 다니기도 했다. 가을에는 '요양 보호사'를 해야겠다는 생각이 들었다. 정년퇴직을 하면 어머니가 아프시기에 도움을 줄 수 있겠다 싶어서 열심히 공부해서 요양 보호사 자격시험에 합격했다.

원광효도마을 상록원에 있는데 9월경 하와이교당에서 근무 중인 봉타원 박법일 교무가 한국에 와서 비자 건을 말하면서 "비자 문제로 미국행이 안 될 수도 있다"는 이야기를 했다. 마음 속으로는 '그러면 안 되는데' 하면서 이후로 기도를 계속했다. 1년이 다가도록 아무런 소식이 없었다. 다시 자세히 알고 보니 서류가 잘못됐다는 것을 알고 새로 신청했다. 그 뒤 비자가 나와서 2009(원기94)년 12월 29일 하와이에 도착했다. 참으로 다행이고 감사했다.

새삶회 훈련이 그해 8월 초 9박 10일 동안 있었는데 우리가 갈 수 없어서 순타원 이혜진 교무가 훈련원으로 가서 자리를 대신했다. 그 후 순타원 이혜진 교무와 훈련원에서 3년을 함께 살았다. 하와이국제훈련원 설립에 공이 많은 만타원 김명환 교도가 6월 12일 열반해서 상주역할을 하였고, 7월 30일 서울회관에서 종재식 때 네팔교당 세타원 이하정 교무를 만났다. 이 교무는 "하와이에 가면 동서문화센터에서 현상호 교무를 공부시켰으면 한다"고 해서 내가 "그렇게 하겠다"고 했다. 사실 이하정 교무가 대산종사 명으로 원남교당 부교무 시절 하와이 동서문화센터 입학을 위해 하와이에서 공부한 적이 있었다.

동서문화센터(East West Center)는 1960(원기45)년에 미국 의회에서 아시아 태평양 지역의 정치, 경제, 사회, 문화를 이해하기 위해 만든 연구 기관으로 다양한 장학금 프로그램으로 아시아 인재를 육성하여 미국과 아시아를 연결하는 다리 역할을 해 오고 있는 곳이다. 이곳에 대산종사께서는 1980(원기65)년부터 꾸준히 영어를 하는 교무를 파견하여 장차 종교연합기구를 창설할 때에 필요한 인재를 양성하려고 하였다. 그 첫 번째 파견자로 이하정 교무가 선택

되어 하와이에서 공부를 하였다. 하지만 그 당시 학위 과정을 거치지 않고는 입학 자체가 불가능하다는 것을 알게 되고 하와이대학에 입학하여 공부했다. 이후 대산종사께 보고를 드리니 당신은 고개를 돌리셨다고 한다. 결국 이하정 교무는 어른의 뜻을 못 받들어 드렸다는 생각이 평생의 한으로 남아 있어서 내가 하와이로 간다고 하니 반드시 현상호 교무를 동서문화센터에 입학을 시키도록 하라고 하였다. 나와 현상호 교무는 2009(원기94)년 12월 29일 드디어 비자가 나와서 하와이에 갈 수 있었다.

그 당시에는 비자를 기다리느라 총부에서 1년 동안 있었던 시간이 너무 느리게 갔지만 12년이 지난 지금 와서 생각해 보면 요가를 배우고 요양 보호사 자격증과 운전면허증을 따고 특히 만타원님의 열반과 종재식에 상주로 참석할 수 있어서 너무나 소중한 시간이었다.

나의 인생에 있어 인도는 과거 전생이고 한국은 현생이며, 미국은 내생이라는 생각이 들었다. 수술 후에 삶을 돌아볼 수 있는 여유가 생겼고 하와이에서의 생활은 아마도 내생을 준비하는 시간이 되지 않을까 생각해 보았다.

하와이국제훈련원

하와이국제훈련원 전경

하와이국제훈련원에 2009(원기94)년 12월 29일에 도착했다. 분명히 29일 저녁에 비행기를 탔는데, 29일 오전 10시 30분에 호놀룰루 국제공항에 도착했다.

날짜 변경선을 지나왔기 때문에 여기는 여전히 29일이었다. 신기한 경험이었다. 하지만 빨리 적응해야겠다는 생각이 들었다. 공항에서 봉타원 박법일 교무와 제타원 강진영 교무가 우리를 맞아 줬다. 하와이교당 법신불 일원상을 참배하고, 익타원 하대연 교무의 인도로 현상호 교무가 오자마자 운전하여 마카하에 있는 하와이국제훈련원에 도착했다. 1년 동안 관리가 되지 않아 정원의 풀이 허리만큼 자라 있었다. 나는 짐을 풀고 이곳저곳을 둘러보고 그날은 쉬었다.

다음 날 아침 12월 30일 뒷동산에 올라갔다. 거북이 같이 생긴 덕산이 하와이국제훈련원을 물고 있는 것 같이 보였다. '맹구우목'이 생각나서 원불교신문에 '맹구우목'[1]이라는 내용으로 기고했다. 훈련원은 말 그대로 하와이의 생령들이 기다리던 반야용선이었던 곳이라고 생각하니 이곳을 어떻게 가꿀 것인가를 구상하였다. 우선 대산종사께서 하와이 훈련원 봉불식 때 이곳에서 전 세계를 향해 '기원문 결어'를 선포하신 곳이라고 들었다. 그래서 '기원문 결어'를 어떻게 실현할 것인가가 나의 화두가 되었다.

나는 대종사님의 일대경륜인 제생의세를 실현하기 위해서 이곳에 '육도사생관'을 만들었으면 좋겠다는 생각을 했다. 천상, 수라, 인간, 축생, 지옥, 아귀의 육도와 태란습화(胎卵濕化) 사생의 중생들이 모두 구원을 받을 수 있는 훈련원을 구상했다. 그래서 누구든지

어떤 중생이든지 여기에 머물면서 편안한 가운데 부처님 법으로 구원을 받는 훈련원을 만들자는 비전을 세웠다.

　육도사생관의 비전을 실현하기 위해서는 반드시 내가 먼저 대서원, 대정진, 대불과, 대불공, 대자유, 대합력의 수행력과 대참회, 대해원, 대사면, 대정진, 대보은, 대진급의 신앙력을 바탕으로 해야 한다는 것을 깨달았다. 그래서 하루 일과를 사시 정진으로 표준삼아 훈련원 주변을 돌고 훈련원 주변의 모든 생명들에게 인간이 저지른 생태계 파괴와 지구 온난화 등에 대한 참회와 해원 기도를 올리는

---

1) 기사내용 "원기95(2010년) 1월 지난 해 29일에 훈련원에 부임해서 하와이국제훈련원에서 첫 새해를 맞이했다. 그날 훈련원 뒷동산에 올라가 훈련원을 바라보면서 "하와이가 지구의 단전자리"라고 하셨던 대산종사의 법문을 떠 올랐다. 경관이 빼어나고 영적 기운이 어려워서 하와이 사람들이 '영성의 땅'이라고 자부할 만 했다. 대산종사는 바로 뒷산을 '복산'이라고 명명했고, 앞산을 '덕산'이라고 했다고 익타원 하대연 교무가 알려 주었다. 앞산은 제법 큰 산으로 이곳 주민들은 '거북이 산'이라 하면서 신성시 하는 산이었다. 현상호 교무가 열심히 셔터를 누르면서 사진을 찍었다. 훈련원에 와서 사진 영상 자료를 보니 앞산의 거북이가 국제훈련원을 물고 있는 형상이었다. 너무나 신기해서 거북이가 "왜 훈련원을 물었을까"하면서 '용'이라면 여의주를 물어 승천할 것인데 하는 생각을 했다. 대산종사께서는 '거북이 산'을 왜 '덕산'이라고 해 주셨을까? 생각해 보다가 '맹구우목'이라는 불교 설화가 생각이 났다. '맹구우목'은 눈 먼 거북이가 500년 동안 바다 속에 있다가 500년만에 얼굴을 들고 나무 토막을 잡으면 다행히 숨을 쉴 수 있다는 전설인데, 그만큼 불법 만나기가 어렵다는 이야기다.

　26년 전 내가 훈련 교무 때 소남훈련원에서 훈련을 날 때 대산종사께서 '육단, 수단, 공불단'을 설해 주셨고, "완도, 제주도, 하와이를 훈련 도량으로 연결 시킨다"고 하셨다. 그 기억이 아직도 생생하다. 그로부터 12년 후 원기 81년 6월 10일에 드디어 하와이국제훈련원을 봉불했다. 이것은 하와이 생령들의 상징인 거북이가 기다리고 기다렸던 뗏목이라고 생각했다. 대산종사를 이 생에 만난 것은 큰 복으로 이생에 '덕과 혜'를 갖추도록 대정진, 대정진, 대정진, 대적공, 대적공 대적공할 것을 다짐했었다."

것을 표준 삼아 공부하고 있다.

내가 이 회상에 들어와서 수행과 신앙면에서 영향을 받았던 분들을 나열해 보면 다음과 같다.

나의 대서원에 큰 영향을 준 분은 바로 숭산 박광전 교무이다. 내가 서원관 예비교무 시절에 숭산님께서 원광대학교 교학대 둘레를 혼자 걷던 모습을 먼발치에서 보고 나도 저 어른을 따라가야겠다고 생각했다. 어찌 보면 그것이 바로 내가 생각했던 서원의 이미지이고 나도 숭산님과 같이 대종사님을 따라 영생을 가고 싶은 대서원의 길이라는 생각이 들었다.

나의 대정진에 큰 영향을 준 분은 바로 교타원 김혜신 교무이다. 내가 서원관 부사감으로 근무할 때 사감님으로 모시면서 밤잠을 아끼면서 선을 하는 모습을 보고 정진력이 참 대단한 어른이라고 생각되었다. 그래서 교타원 김혜신 교무의 대정진력을 보고 여성도 수행을 통해서 성불할 수 있다고 하는 것을 사실적으로 알게 되었다.

나의 대불과에 큰영향을 준 분은 바로 용타원 서대인 교무이다. 용타원님께서 신심에 대하여 쓴 시가 나의 마음에 와닿았다.

신(信)은
깊이깊이 들어가면 들어갈수록
대자연의 진리와 합일하고
우주 만유와 동거동락하여 괴롭지 않고
무궁무진 지혜 광명이 샘솟는다.

용타원님의 사대 불이 신심 즉 진리와 법과 회상과 스승에 대한 신심은 결국 대각여래위라는 불과를 얻을 정도로 지극하였다. 나도 그 같은 신심으로 불과를 얻어야겠다고 생각했다.

나의 대불공 스승님은 대산종사이다. '기원문 결어'로 집약시켜 준 '일원 만다라'를 전 우주의 기운을 합해서 해 준 법문이라고 생각한다. 그리하여 이 기원문 결어가 결국 나의 불공에 깊은 영향을 주었다.

나에게 있어서 대자유 스승님은 융산 송천은 교무이다. 원광대학교 총장 시절 융산 송천은 교무가 가지고 있는 여유 자적한 모습과 모든 갈등을 융합하는 힘을 옆에서 뵐 수 있었다. 그래서 나에게 융산 송천은 교무는 대자유인으로 닮고 싶은 스승님이다.

나에게 있어서 대합력의 스승님은 상산 박장식 교무이다. 좌산 이광정 교무께서 종법사로 결정되셨을 때 땅 위에서 오체투지로 인사하시어 대중에게 몸소 합력의 모습을 보여주었던 그 기억이 생생하다. 그리하여 상산 박장식 교무는 나에게 있어 대합력의 표본이다.

대참회의 스승님은 자타원 이진훈 교무이다. 당신이 중풍에 걸리셔서 힘든 상황 속에서도 끊임없이 참회기도 하고, 요양 보호사 자격증을 따서 아픈 교무들에게 도움을 주는 모습을 보고 그 모든 것들이 바로 참회의 힘에서 나온 것이라고 생각되었다. 나도 자타원 이진훈 교무를 보고 참회력을 얻어서 살아야겠다고 다짐했다.

나에게 대해원 스승님은 예타원 전이창 교무이다. 예타원께서는 내가 삼세 업장을 해원하는 기도를 할 수 있도록 해 주었다. 내가 방배교당 3년 동안 5천년 충신열사 특별 천도재와 기도식을 통하여 과거 나의 묵은 업을 알게 하고, 해원할 수 있는 계기를 마련해 준 분이다.

나의 대사면 스승님은 황호봉 아버지이다. 한 때 사회주의자로 살았던 젊은 시절 경험 때문에 항상 침묵하고 억압과 고통을 받았다. 다행히 이 생에 원불교와 인연이 되어 정전 공부를 통해서 인과의 이치와 생사의 이치를 터득하여 모든 것을 용서하고 열반했다. 그리하여 나의 대사면 스승은 아버지이다.

나에게 있어서 대정진 스승님이 한 분 더 계신다. 바로 태타원 송순봉 교무이다. 성리를 표준으로 평생을 일관했던 태타원 송순봉 교무는 나에게 '일심영기(一心靈氣)'라는 글을 내려 주어서 그것을 표준으로 정진했다. 그리고 정전을 시조창으로 만들어 정진하던 모습이 기억에 남는다. 그래서 대정진의 표상은 태타원님이다.

나의 대보은 표상은 신산 김양수 교무이다. 신산님이 사은 보은에 관한 글을 남겼는데 다음과 같다.

'천지의 기묘한 아름다움을 느끼고 부모님과 스승님의 끊임없는 사랑을 느끼고 동포님의 조화스러운 상부상조를 배우며 법률님의 천만세계 건설법을 공부하여 신의는 대지같이 하고 응용무념으로 무아를 유지함을 배우고 부모님과 스승님의 간단없는 보호를 배우며 법률의 천만세계 건설을 배우고 지키면 결국 일원의 위력을 얻고 일원의 체성에 합한다.'

사은에 대해서 누구나 알기 쉽게 풀어 써 주고 보은에 대하여 누구나 실천할 수 있도록하여 일원상과 연결시켰던 한 평생 본인이 살아온 삶을 바탕으로 쓴 글이라고 생각된다. 그리하여 대보은 스승님은 신산 김양수 교무를 표준으로 했다.

　나에게 있어 대진급의 표상은 승타원 송영봉 교무이다. 과거 생에 오산 박세철 선진으로 살 때는 부끄러움이 많아서 대중 앞에 나서지 못하였는데, 이번 생에는 그것을 극복하기 위해서 부단히 노력하여 대법사가 되었다는 이야기를 옆에서 받들었다. 이후 나는 세세생생 진급하는 승타원 송영봉 교무를 대진급의 스승으로 모시고 살았다.

　일원 회상에 들어와서 내가 이 회상의 영겁주인이 되고 일원 대도를 깨쳐서 영겁법자가 될 수 있도록 나를 가르쳐 준 열두 분 스승님들. 일원 만다라 속에서 영생토록 친견하면서 공부하여 천불 만성을 발아시키고 억조창생의 복문을 열어 가고자 한다. 그리하여 무등등한 대각도인과 무상행의 대봉공인이 많이 배출될 수 있도록 기도한다. 또한 나는 대종사님의 일대 경륜인 제생의세 실현에 앞장서는 큰 수행인과 신앙인이 되도록 다짐한다.

익타원 하대연 원로교무

(왼쪽부터) 하대연 교무, 송순봉 교무, 어머니

내가 본 익타원 하대연 원로교무는 소박하고 근검하며 매사에 자력을 길러야 한다는 것을 몸소 보여 준 분이다. 나는 영어가 되지 않아서 항상 현상호 교무에게 의뢰를 하는 편이다. 익타원님은 그런 나를 보고 "교무는 자력을 키워야 한다"고 하면서 가르침을 주었다. 그것은 바로 상산 박장식 종사로부터 받은 영향이 크다고 하였다.

"하와이로 가라"는 대산종사의 말을 받들어 뉴욕에서 하와이에 와서 혜산 조혜천 교도 집에서 한달 간 머물다가 집을 얻어서 나왔다. 마침 그때 상산 박장식 종사가 미국 교령으로 있을 때 뉴욕에서 한국에 가기 전에 하와이교당 교무가 있다고 하는데 어떻게 사는지 보러 왔다. 그때 익타원 원로교무는 상산 박장식 종사가 교당을 마련해 주고 어느 날은 중고차를 아무 말 없이 사가지고 와서는 내일부터 운전하라고 하였다는 이야기를 들었다. 그런데 거기에 아무 대꾸 없이 운전을 배우고 못하는 영어지만 교회에서 배웠던 영어와 학창 시절 익혔던 일본어를 써가며 남에게 아쉬운 소리 하지 않고 골프장에서 매점 일을 하며 교당을 꾸려갔다. 정년이 되어 퇴임은 하였지만, 대산종사의 명으로 하와이훈련원 마련을 위해 하와이에 머물 던 중 1992(원기77)년 만타원 김명환 종사의 희사로 훈련원 건물과 땅을 매입하는데 큰 역할을 했다. 그 후 하와이교당과 훈련원 교무들이 바뀌는 상황에서 항상 집을 지켜내면서 해외 사정상 비자 문제로 늦게 오는 경우 인계인수를 새로운 교무들에게 해 주는 것으로 퇴임 후에도 역할을 다 하였다.

내가 토요일 요가를 하고 나면 항상 시원한 물과 과일을 준비하여 요가 회원들에게 공양하면서 궂은 일을 도맡아 주는 모습에서 상 없는 수도인의 모습을 볼 수 있었다. 그리고 새삶회 훈련 때는 선진님 이야기 시간에 당신이 쉽지 않은 세월 동안 살아온 슬프고 외로울 수 있는 이야기를 유쾌하고 재미있게 해 주었다. 그 능력은 과연 한 생을 오롯이 이 회상과 스승에게 바친 참다운 교무의 일생을 살아온 자만이 보여줄 수 있는 것이라고 생각했다. 새삶회의 깔깔대소회 시간은 과거 유치원 교사를 했던 재능을 바탕으로 재미있는 율동과 우스개 농담으로 좌중의 긴장을 푸는 역할을 잘해 주었다.

시내에 볼 일이 있으면 항상 버스를 타고 다니며 사람 구경을 한다고 하였고, 버스 안에서도 치매 예방을 위해서 스도쿠 책을 하였다. 식사 시간은 철저히 지키고 본인이 먹은 그릇은 절대로 남의 손에 맡기지 않았다. 그런 철저한 자력 양성의 모범을 보여준 익타원 하대연 원로교무를 보고 나도 그와 같이 살아야겠다고 다짐했다. 익타원 원로교무는 2019(원기104)년 10월에 90세 가까운 연세로 더 이상 하와이에서 도움이 될 것 같지 않다면서 중앙원로수도원으로 가셨다. 그곳에서도 낙도생활 중이다.

하와이국제훈련원을 다녀간 인연들

(오른쪽 부터) 심타원, 현지윤 교무, 황상원 교무

내가 원장으로 있는 12년 동안 하와이국제훈련원에 다녀간 수많은 인연들과 함께 자신훈련, 교도훈련, 국민훈련, 인류훈련을 났다. 그 인연들을 시간대 별로 소개 하면 다음과 같다.

☆새삶회 훈련 : 새삶회에서는 우산 최희공 원무가 주관하여 2002(원기87)년부터 해마다 8월 초에 8박 9일 동안 일반교도와 어린이, 학생 등이 참여해서 1년 중 하와이국제훈련원의 가장 중요한 행사로 정착했다. 훈련 일정은 오전에는 우산 최희공 원무 강의, 오후에는 하와이 관광을 하고 저녁에는 일기쓰기, 감상담, 그리고 익타원 하대연 원로교무 교화 이야기로 프로그램이 진행된다. 이 훈련을 통해서 많은 사람들이 서원을 세우고 거듭나고 변화하는 모습을 지켜보면서 말 그대로 새로운 삶을 위한 훈련이라고 생각한다.

하와이 새삶회 훈련

2010(원기95년)

☆ **황인랑 교도** : 2010(원기95년)년 1월 초에 내가 대구 수성교당 근무 당시 청년 회원이었던 황지운(인랑) 화랑고 선생이 왔다. 황 선생은 전공이 수학이지만 인도명상센터 훈련을 받은 명상 지도자이기도 하다. 특히 오쇼 라즈니쉬 수행에 일가견이 있어서 쿤달리니 명상법과 바르도 명상법을 나와 현상호 교무에게 가르쳐 주었다. 미국 현지인에게는 우선 편안한 명상 음악을 통해서 긴장을 이완시킨 후 우리 법을 알려 주는 것이 맞을 것 같아서 선 법회 프로그램을 함께 고안하여 일요일 선법회를 개설하여 한 달 동안 셋이서 해 봤다. 그 후 매년 겨울 방학만 하면 인랑 선생이 하와이에 방문하여 도움을 주었다. 7년(2010~2015, 2019)에 걸쳐서 하와이국제훈련원에 홀로 또는 동료 교사들을 데리고 와서 도움을 주었다. 그리고 매달 정기적으로 후원을 하고 있다.

(왼쪽부터) 황인랑 선생, 나, 심타원, 현지운 교무

☆**기산 이도전 교무** : 어느 해 내가 어머니 생신을 지내기 위해서 5월에 한국에 다녀왔다. 그때 기산 이도전 교무는 뇌출혈로 몸이 불편한 상황에서 3년 동안 휴무를 하고 있었다. 그래서 내가 공기도 좋고 날씨도 좋은 하와이에 와서 3개월 동안 휴양을 권하였다. 그렇게 나와 같이 하와이에 입도하여 훈련원에서 3개월을 지내는 동안 보리수도 심고 현상호 교무와 같이 서부 관광도 하면서 재기에 대한 용기를 내어 돌아갔다. 하와이에 다녀 간 후 마음이 부활하여 복직하였고, 소태산 대종사가 영산에서 변산으로 가기위해 하룻밤 머물던 부안 종곡리에 '소태산대종사 종곡유숙터' 기관을 마련, 성지 장엄을 하는 대불사의 기적을 이뤘다.

황민정, 이도전, 현상호 교무

☆**영타원 홍원정 교무** : 나와는 인연이 깊은 도반으로 아플 때 대치교당에서 자석 치료로 회복하는 데 도움을 주었던 고마운 인연이다. 필라 선학대학에서 근무하는 황상원 교무가 영주권 신청을 하여 한국을 나가지 못하여 중간 지점인 하와이에서 만나기 위해서 동생 황종인 교무와 같이 열흘 일정으로 하와이에 와서 훈련원에서 하룻밤을 지냈는데, 갑자기 황종인 교무 아버지 열반상을 당하여 급하게 귀국을 하였다. 당사자들과 우리 모두 너무 아쉬운 상황이었다. 덕진교당에 있으면서 천도재가 들어오면 하와이훈련원에서 지내게 해 주어서 훈련원 운영에 많은 도움을 주었던 감사한 인연이다.

☆**최은식 학생** : 서신교당 학생교도로 당시는 키도 작고 마른 체구의 중학생이었다. 2개월 동안 훈련원에 있으면서 관광도 하고 새삶 훈련도 나면서 도움을 주었다. 현상호 교무가 2019(원기104)년 총부 예회 때 인사를 마치고 내려오니 키가 큰 한 청년이 인사를 하였다고 한다. 그 청년이 바로 최은식이었는데, 이제는 어엿한 원불교 재가 청년으로 성장하여 교단의 한 몫을 담당하고 있다.

☆**연산 박주명 교무** : 기산 이도전 교무를 한국으로 데리고 가기 위해서 딸과 같이 열흘 일정으로 왔다. 현상호 교무 가이드로 빅아일랜드 관광도 하며 재미있게 지내다가 돌아갔다. 꿈이 소방관이었던 딸은 그 꿈을 이루었고, 해외 교화가 꿈이었던 박주명 교무는 프랑스 노르망디에 있는 유럽 무시선 한울안 공동체에서 근무하고 있다.

☆조지아 : 조지아는 마일리에 사는 토요 요가 회원이다. 하와이 국제훈련원 주변은 한국인이나 아시아인들은 적고 백인이나 현지인 인구가 높다. 그래서 요가나 명상은 주로 백인들이 대다수이다. 토요 요가는 이 지역의 뉴스통인 조지아라는 분이 항상 과일이며 음식을 가지고 와서 요가가 끝나면 다과를 하면서 한 주간 지역 소식이나 행사 일정을 알려준다. 지역 소식을 듣기 위해서 요가 수업에 나오는 사람도 있다. 이런 것을 보면서 백인들이 가지고 있는 공동체 의식이나 공익 정신 같은 것을 느낄 수 있었다. 개인의 이익 보다는 공공의 이익을 더 중시하는 모습에서 많은 배울 점이 있는 것 같았다.

고무님과 함께 한 조지아

하와이국제훈련원 하와이 요가

2011(원기96년)

☆영산선학대 신편입생 1차 선학연수 : 진산 전흥진 교무와 故 송타원 장원경 교무의 인도로 영산대학 신·편입생들이 글로벌 인재 육성 프로그램의 일환으로 글로벌 선학연수 훈련을 하와이훈련원에서 났다. 프로그램은 우산 최희공 원무의 강의와 지역 영성센터 방문 그리고 해양 카누 훈련으로 있었다. 훈련원이 있는 지역은 하와이안힐링센터, 수리야 농장, 평화농장, 카후마나 농장 등 대안 사회를 위한 영성 농장들이 많이 있어서 미래의 대안 사회를 모색하고 배우는 뜻깊은 시간이었다.

2012(원기97년)

☆ 구타원 최은종, 등타원 박성운 교무 : 최은종 교무와 박성운 교무는 휴무를 하고 있었는데, 영산선학대 신편입생 2차 선학연수

훈련을 도와주기 위해서 훈련원에 왔다. 이번 연수는 우산 홍성훈 교무와 안타원 안경덕 교무의 인도로 훈련을 났다. 거년과는 다르게 학생들이 주도적으로 공부를 해 와서 하와이교당에서 하루를 지내면서 시내 주위 종교 시설을 두루 보고 훈련원으로 왔다. 현상호 교무의 인도로 동서문화센터와 코코넛 아일랜드 견학도 하고 수리야의 마우나 팜에서 저녁 식사와 캠프 파이어를 했다.

☆경산 장응철 종법사 : 경산 종법사와 일행이 뉴욕 원달마센터 훈련원 봉불식을 마치고 미주서부교구 순방 후 하와이를 내방했다. 훈련원에서 주변 현지인들을 초청하여 박법일 교무의 사회로 대법회를 보았다. 경산종법사께서는 앞으로 담을 허물고 그곳에 연못을 조성하면 지나가는 사람들도 좋아하고 열린 공간이 될 것 같다는 말씀을 해 주었다. 앞으로 연마할 일인 것 같다.

경산종법사 하와이 내방

☆**김은도 교무** : 하산 김복원 교무의 아들이자 율타원 김혜봉 교무의 조카인 김은도 교무가 결혼을 하여 신혼여행으로 하와이 훈련원에 왔다. 현상호 교무가 가이드를 해 주었고, 마우이 섬으로 2박 3일 일정으로 여행을 다녀왔다.

☆**박대솔 학생** : 훈타원 양도신 종사의 친척인 양혜숙 수성교당 교도의 아들인 박대솔 학생이 어학연수를 하기 위해서 6개월 동안 훈련원에서 숙식을 하면서 지냈다. 현상호 교무가 아프리카로 발령이 되어서 하와이를 떠난 상황이라 박대솔 학생이 훈련원에 있는 것만으로도 든든하고 더하여 정원 일을 해 주어서 너무 감사했다.

☆**신시아 현지 교도** : 신시아(법명: 원우)는 조지아를 따라서 토요 요가 수업에 나왔다. 아일랜드계 백인으로 고향은 뉴욕주인데, 남편을 따라 하와이에 왔다. 아들 둘과 딸을 남기고 남편이 교통사고로 사망한 후 하와이안인 린지와 재혼하여 손자, 손녀를 키우며 훈련원 근처에서 산다. 카약 타기가 취미여서 훈련생들이 오면 언제나 안전한 바닷가에서 카약 타는 것을 지도해 준다. 선 명상도 좋아하여 일요 법회에도 꼭 참석한다. 신시아는 내가 무슨 일이 있으면 항상 먼저 달려와 주는 사람으로 내가 차 사고가 나서 법정에 설 일이 있었을 때도 신시아가 함께 법정에 가 주고 변호를 해 주어 든든했다.

☆**린지** : 신시아의 남편으로 하와이안이다. 학교 교육은 받지 않

앉지만 차 수리나 집수리에 특별한 능력을 가지고 있다. 훈련원 매입 이전 본 건물을 지을 때 일꾼으로 참여하여 훈련원 건축 역사를 다 알고 있다. 신시아와 함께 교당에 무슨 일이 생기면 언제나 달려와서 도움을 주는 고마운 인연이다.

2013(원기98년)

☆ **김현미** : 황인랑 선생이 겨울 방학을 맞아 화랑고 영어 교사인 김현미 선생과 함께 관광과 휴식을 하러 훈련원에 왔다. 훈련원에 온 기념으로 라임 오렌지 나무를 심어 주었는데 열매도 잘 맺고 잘 크고 있다. 현상호 교무의 가이드로 함께 빅아일랜드 여행도 하였다.

☆**현지윤 교무** : 휘경여중에서 근무하는 현지윤 교무와 심타원 김심덕 교도(현상호 교무 어머니)가 겨울 방학을 맞아 같은 학교 상담 선생을 데리고 훈련원에 왔다. 심타원 교도는 환갑이 되어 기념으로 함께 와서 관광도 하고 휴식을 하였다. 현덕윤 교도의 쌍둥이 딸들을 위해 정원에 빵나무와 망고나무 식수를 하고 빅아일랜드 여행을 함께 했다.

☆**황상원 교무** : 황상원 교무가 워싱턴교당으로 발령이 되어 한국에서 워싱턴으로 가는 중에 하와이훈련원에 들렀다. 일정이 빠듯하여 함께 빅아일랜드 여행만 하고 바로 워싱턴으로 떠났다.

빅아일랜드 관광

☆**김지영 청년교도** : 김지영 수성교당 교도가 겨울 방학을 맞아 어머니 홍경덕 교도의 퇴임을 맞이하여 함께 하와이국제훈련원에 관광을 왔다. 김지영 교도는 경희대 약학박사 학위를 취득하여 원광대 약대에서 연구원으로 일하고 있고, 홍경덕 교도는 초등학교 교장으로 퇴임했다. 학교교장으로 있는 동안 바쁜 관계로 여행을 못했는데, 현상호 교무의 가이드로 하와이 7개 섬 중 5군데(오아후, 빅아일랜드, 마우이, 몰로카이, 라나이)를 돌면서 여행의 한을 풀었다고 했다.

☆**김민성 예비교무** : 내가 방배교당에 있을 때 추천한 김민성 예비교무(대학원 1학년)가 여름 상시 기간을 맞아 어머니 손양명 교

도와 형 김민수 청년교도와 함께 하와이국제훈련원으로 가족 여행을 왔다. 일주일 동안 관광과 휴식을 하고 돌아갔다.

☆우제훈 : LA교당 교무였던 우제훈 교무가 새삶회 훈련 시 도우미로 훈련원에 왔다. 운전도 잘 하고 안내도 잘 하여 현상호 교무의 빈 자리를 잘 채워줬다.

☆릴리 현지인 교도 : 릴리(법명: 원덕)는 한인 교포 3세이다. 아버지가 상해 임시정부 요원으로 김구선생의 명으로 비행 조종 기술을 배우기 위해서 하와이로 이민을 왔다. 하지만 독립 운동 자손들이 모두 그렇듯 가난한 어린 시절을 보냈다. 어머니는 하와이에서 태어난 한인 2세로 한국말이 서툴렀고 그에 따라서 릴리도 한국어를 못 배웠다고 한다. 중학교 교장 선생으로 은퇴한 후 지역 사회 활동을 활발히 하고 지역 선거 운동도 적극적으로 하는 열성적인 여성이다. 가끔 요가와 명상 법회를 나오면서도 큰 후원금을 희사하는 시원한 성격을 가지고 있다. 비즈니스를 위해 미국 여행을 할 때 마다 반드시 근처 교당을 방문하여 일부러 거기서 숙박을 하고 희사를 하는 교도이다. 2014(원기99)년 인도에서 박사 과정 중이었던 현상호 교무의 가이드로 하와이국제훈련원 대표로 신시아와 같이 원불교 100주년 기념대회도 손자와 같이 참석한 이후 영산·익산 성지 순례도 함께 하고 돌아왔다.

(좌측부터) 릴리 손자, 릴리, 알로나, 신시아 교도

2014(원기99년)

☆전경인 선생 : 황인랑 선생이 겨울 방학을 맞아 원경고 전경인 상담선생과 그 남편인 하귀동 씨를 데리고 관광과 휴식을 하러 훈련원에 왔다. 열흘 동안 있으면서 황인랑 선생의 가이드로 하와이 관광지를 돌고 요가와 명상도 하면서 재미있게 지내고 갔다.

☆조정수 교무 : 윤관명 교무(당시 하와이교당 교무)의 추천으로 새삶회 훈련을 도와주기 위해서 하와이에 왔다. 나는 어머니인 석타원 정석심 교무를 대구 수성교당 시절부터 알고 있어서 정수 교무가 낯설지 않았다. 여러 가지 사정으로 휴무를 하고 있었기에 새삶 훈련을 통해서 새로운 마음을 갖기를 기도하였다. 운전을 잘하

였고, 특히 차량이나 냉장고 등 기계를 잘 알고 고장난 것을 수리해주어서 감사했다. 조금 더 머물기를 원하였지만 하고 있는 일이 있어서 훈련이 끝나고 바로 필라델피아로 돌아갔다.

2015(원기100년)

☆**미주서부교구 교무훈련** : 미주서부교구 교무들이 4박 5일 일정으로 하와이에 왔다. 그동안의 회포도 풀고 단별로 회화도 하고 또 1박 2일 동안 빅아일랜드 여행도 하면서 뜻깊은 시간을 가지고 돌아갔다. 특히 훈련원 전임 교무였던 평산 박대화 교무(원다르마센터)는 당시 훈련원 발코니 나무 교체 작업을 현상호 교무와 같이 해주고 돌아갔다. 너무 감사했다.

좌산 상사와 일행을 공항에서 영접

☆**좌산 이광정 상사** : 좌산상사께서 일행들과 함께 미주 순방을 하는 첫 걸음으로 하와이국제훈련원을 방문하였다. 일행 중에 도착 비행기 시간이 한 시간 정도 늦은 일행이 있어서 공항 근처 맥도날드에서 간단한 아침 식사를 하고 하와이교당(중타원 안자은 교무) 방문 후 펀치볼 국립묘지에 들러서 하와이국제훈련원으로 들어왔다. 일행 중에는 원현장 교무도 있었는데, 2015~2016년도 동서문화센터 아시아태평양 리더십 프로그램에 선발되어 9월에 입소 예정이어서 함께 하였다.

훈련원에 도착하여 현상호 교무의 가이드로 빅아일랜드와 마우이 섬 관광 결정을 하고 현상호 교무가 일행들의 숙소, 렌터카, 호텔, 비행기 표를 인터넷으로 구매하여 바로 다음날 일행들과 출발하였다. 무사히 관광을 마치고 훈련원에 돌아와서 새삶 훈련을 함께 했다. 새삶 훈련이 끝나고 시카고로 출발했다. 일행 중 진타원 백심덕 교무도 휴양 중에 함께 왔는데, 훈련원 지붕을 보고 수리가 필요하다는 이야기를 해 주어서 견적을 내 보니 약 5천불정도 들어가는 공사였다. 그래서 좌산상사께서 5천불, 국제부에서 4백만원 그리고 백심덕 교무가 1백만원 희사하여 새로운 지붕을 덮을 수 있어서 너무 감사했다. 좌산상사께서는 공항으로 가는 길에 차 안에서 가수 Tia Carrere 버전의 '알로하 오에' 음악을 듣고 시카고교당으로 가서 마중 나온 곡타원 오선도 교무에게 편곡을 부탁하고 좌산상사께서 가사를 부쳐서 나에게 주었다. 제목은 '소중한 동지여 안녕'

좌산상사와 일행을 공항에서 영접

이었다. 가사는 '소중한 동지여 안녕 그리운 동지여 안녕 동지를 두고 떠나려니 내 마음이 아려요. 부디 아프지 말고 건강하시어 대종사님 제생의세 큰 뜻을 이루기를 바랍니다'라는 내용이었다. 너무 감사하고 눈물이 났다.

☆기산 이도전 교무 일행 : 기산 이도전교무가 호산 서영수, 실산 강형신, 목타원 이성심 교무와 같이 하와이훈련원에 두 번째 방문을 했다. 이번 방문의 목적은 동기간 우정 여행으로 현상호 교무의 가이드로 오아후 섬 관광과 마우이 섬 관광을 하였다. 훈련원에 있으면서 여러 가지 수리도 해 주고 청소도 도와주어서 너무 감사했다.

서영수, 현상호, 하대연, 황민정, 이도전, 이성심, 강형신 교무

☆송상진 교무 : 캐나타 토론토교당 출신으로 토론토 대학을 졸업하고 미주 선학대학 석사과정을 거쳐서 출가교무가 되었다. 미주 선학대학에서 원불교학 교수로 키우기 위해 한국으로 유학을 가서 서울대에서 종교학 석사과정을 거치고 원광대학에서 원불교학 박사를 하는 중에 영산선학대학교에서 학생들을 가르치고 있었다. 우산 최희공 원무와의 인연으로 매년 새삶 하와이 훈련에 참가하여 운전도 하고 프로그램 진행도 하며 도움을 주고 있다.

☆바비 (법명: 원현진) : 75세의 나이로 요가 그리고 선 법회에 열심히 참석하여 어떤 일이든 도와주었다. 당신의 할아버지가 도로 건축 기술자로 마우이 섬에 있는 4천 미터 높이의 할레아칼라산 도로를 만드신 분이라고 했다. 마우이에서 카톨릭 신자이기도 했다. 원불교 입교 후 원현진으로 법명을 받고 케슈넛 나무와 Fiddle wood 나무를 훈련원 뒷마당에 심어 주었다. 평화로운 분위기에서

바비

함께 선을 같이 하면 아름다운 빛을 볼 수 있을 정도로 맑은 영혼의 소유자이다. 현재 건강이 좋지 않아서 매일 기도하고 있다.

2016 (원기101년)

☆**故 세타원 배은종 교무** : 세타원 배은종 교무가 여동생인 배용관 교도와 남편 최명빈님을 데리고 하와이국제훈련원에 왔다. 세타원 배은종 교무는 만타원 종사가 하와이국제훈련원을 구입하고 교무 발령이 나지 않은 상태에서 처음으로 주타원 윤주현 종사와 함께 와서 1년 동안 지킨 적이 있다. 그 추억을 생각하며 지병이 있음에도 불구하고 찾아온 것이다. 세타원은 내가 교학대 부사감 시절 교육부에서 일본 연수를 학생들과 보내 주었는데, 그때 요코하마교무로 있으면서 안내를 잘해 주었던 고마운 기억이 있었다. 열흘 정도 훈련원에 머물면서 관광 겸 휴식을 취하고 돌아갔다. 그 후 안타깝게도 2020(원기105)년 10월 4일에 지병으로 열반했다.

2017(원기102년)

☆**이중원 교도** : 기산 이도전 교무의 아들인 이중원 교도가 결혼하고 아내와 함께 신혼여행으로 훈련원에서 숙박을 했다. 일주일 동안 관광을 하며 지내는 동안 훈련원 연말 결산 보고를 도와주고 그것을 국제부에 송부하는 일까지 해줘서 너무 감사했다.

☆**함타원 사진원·구덕경 교무** : 새삶회 훈련 도우미로 함타원 사진원 교무와 구덕경 교무가 훈련원에 왔다. 식사 준비부터 운전 그리

고 뒷마무리 빨래까지 열심히 도와주고 돌아갔다. 너무 감사했다.

☆**현상호 교무** : 현상호 교무가 수학휴무를 끝내고 하와이국제훈련원에 발령되어 종교비자로 8월 30일에 들어왔다.

2018(원기103년)

☆**현덕윤 교도** : 북전주교당 교도인 현덕윤 교도와 어머니 김심덕, 동생 현지윤 교무 그리고 쌍둥이 딸들인 김평화(윤희), 김보은(윤아)이 훈련, 관광 및 휴식을 위해 방문했다. 특히 건산 최준명 교도의 트럭 구입 비용인 3천만원 희사로 포드 트럭을 구입했는데, 잔액이 부족하여 5백만원을 한덕윤 교도가 희사해 줬다. 너무 감사했다.

☆**중타원 안순도 교무** : 중타원 안순도 교무가 인타원 김정현 교도와 함께 관광 겸 새삶 훈련을 나기 위해서 한달 일정으로 7월 중순에 하와이 훈련원에 왔다. 중타원 안순도 교무와의 인연은 영산대 근무 시절 교수와 학생으로 만났다. 배우기를 좋아하고 공부를 잘하는 학생으로 기억 한다. 특히 요리 솜씨가 좋아서 아시아종교평화회의 지도자들의 영산 방문 시 식사를 준비하는 주방장 역할을 할 정도로 감각이 뛰어났다. 새삶 훈련을 나기 전 현상호 교무의 가이드로 빅아일랜드, 마우이, 카와이 섬 관광을 함께 하였다. 관광 후 훈련원에서 새삶회 훈련 동안 식사와 청소 등을 조력해 주고 8월 18일에 떠났다.

☆**이법선 교무** : 휴무 중인 이법선 교무가 부모님 효도 관광을 목적으로 3주간 하와이 훈련원에 머물렀다. 이법선 교무는 이타원 이경원 교무의 조카이다. 방배교당 시절 서초교당에 근무했던 반가운 인연이다. 훈련원에 머물면서 요가와 명상 법회도 같이 하고 조지아를 따라서 카누 클럽에서 배를 타는 등 즐거운 시간을 보내고 빅아일랜드와 마우이 섬 관광을 본인이 찾아보면서 다녀왔다. 부모님께 좋은 추억을 만들어 주는 모습을 보니 흐뭇했다.

☆**황상원 교무** : 2018 ~ 2019 동서문화센터 아시아태평양 리더십 프로그램에 참여하기 위해서 9월 말에 훈련원에 와서 일주일 동안 준비하고 입소했다. 마침 율타원 김혜봉 전북교구장과 일행들 15명이 하와이로 연수를 와서 훈련원에 들렀을 때 점심 공양을 이법선·황상원 교무가 도와줘서 수월하게 맞이할 수 있었다. 너무 감사했다.

☆**하산 강낙진 교무 일행** : 9월 종법사 선거가 끝나고 조실 인계 인수를 모두 마친 후 홀가분한 마음으로 희산 류응주, 근산 김도근 교무와 함께 하와이에 왔다. 훈련원에 와서 카에나 포인트 트레킹을 하고 떨어지는 해를 바라보며 내가 "이번 생은 일생보처보살로 살았으니 다음 생은 반드시 부처님으로 등극하시기를 염원한다"고 하였다. 일행은 현상호 교무의 안내로 진주만, 하와이대학과 동서문화센터를 둘러보고 휴식을 잘 마치고 한국으로 돌아갔다.

☆**평타원 정양일 교도** : 조경원 교무의 장모로 여성으로서 외국계 은행에서 중역을 맡을 정도로 탁월한 업무 능력이 있는 분이다. 회사 퇴직 후 사촌 동생과 하와이국제훈련원에서 일주일 일정으로 휴식과 관광을 목적으로 왔다. 현상호 교무의 가이드로 오아후 섬을 돌아보고 빅아일랜드 일정은 스스로 계획해서 다녀왔다. 충분한 휴식을 취하고 한국으로 돌아가기 전 금귤나무 식수를 하고 떠났다.

☆**경산 황의창 교도 부부** : 샌프란시스코에서 유학 중인 큰아들 황병진과 며느리 그리고 새로 태어난 손녀를 보기 위해 한 달 일정으로 방문하고 한국으로 들어가기 전 하와이에서 일주일간 관광과 나를 만나기 위해서 훈련원에 왔다. 오아후섬 관광은 현상호 교무의 인도로 함께 하고 빅아일랜드는 부부가 함께 다녀왔다. 내가 기아 미니밴 차량을 타고 다니다가 사고가 많았다는 이야기를 듣고 작은 승용차를 알아보자고 하여 현대 엑센트 소형 자동차를 구입하는데 큰 역할을 하고 차량 구입비 천만원 희사를 해 주었다. 너무 감사하다.

☆**셀레스트 현지인 교도** : 원라(법명)는 미주리주 출신으로 어린이집 교사이다. 친구를 따라서 명상 법회에 왔는데, 명상 법회를 마치고 감상을 나누는 시간만 되면 눈물을 흘리면서 감상을 이야기했다. 그래서 '사연이 있는가 보다'하고 깊이 물어보지는 않았다. 하지만 시간이 가면 갈수록 얼굴이 밝아지는 것을 느낄 수 있었다. 그

리고 질문의 깊이도 있어서 우리 법을 내면으로 받아들인다는 것을 느꼈다. 일요 법회는 거의 빠지지 않았고, 만약 오지 못하는 날이면 반드시 문자 메시지를 보내서 사정을 이야기 했다. 2년이 지난 후 알게 된 것은 자기의 여동생이 갑자기 사망하게 되는 사건을 겪으면서 죽음에 대한 공포와 함께 삶의 무기력과 우울증이 왔다고 했다. 그런데 본인이 어렸을 적부터 독실한 기독교를 신앙하는 가정에서 살아왔기 때문에 죽음에 대한 의문이 들고 그것을 해결할 방법을 몰라서 방황했다고 한다. 그런데 원불교를 만나서 그 의문에 대한 해답을 찾았고 결국 온전히 법을 받아들이면서 삶의 변화를 맞이했다. 훈련원 부임 후 10년 만에 우리 법을 알아보는 교도가 생긴 것이 너무 반갑고 기뻤다.

원타(셀레스트)

2019(원기104)

☆**기산 이도전 교무 가족들** : 기산 이도전 교무의 정토인 실타원 강화진 교도(둘째)와 4자매들 (첫째 연타원 강선경 교도, 셋째 화타원 강화선 정토, 넷째 인타원 강인명 교도, 다섯째 제타원 강제수 교도)그리고 아산 이인경(화타원 부군)교무와 인산 이원국(인타원 부군) 교도 총 8명이 2018년 12월 28일부터 2019년 1월 4일까지 총 일주일 일정으로 가족 여행을 왔다. 가족들이 모두 일원가족으로 아무런 거리낌 없이 재미있게 잘 지냈다. 현상호 교무가 가이드를 했는데, 이때까지 가장 편안하고 재미있는 팀이라고 하였다.

아마도 가족이라고 하는 하나된 마음이 있어서 그랬다고 생각한다. 짧은 일정이었지만 모두 행복하게 좋은 추억을 만들었고 그런 추억을 사진으로 남겨서 여행을 마치고 '조종골 사람들 가족여행'이라는 사진첩을 만들어서 훈련원에도 한부 보냈다. 그 후 훈련원에 오는

폴리네시안 센터에서 이도전 교무 가족과 함께

사람들에게 그 사진첩을 보여주면 너무 좋아하고 즐거워한다. 그래서 이 책이 하와이국제훈련원 관광 홍보 책자처럼 느껴진다.

☆**황지운(인랑) 선생** : 황지운 선생이 지인 4명을 데리고 관광 겸 훈련을 하기 위해서 14일 일정으로 하와이훈련원에 왔다. 하지만 5명이 2그룹으로 나뉘어 져서 인랑 선생이 통제가 어렵게 되었다. 이틀을 같이 해 본 결과 결국 한 그룹은 와이키키 호텔로 옮기기로 결정했다. 나머지 선생 2명 (정혜현, 비주)과 인랑선생은 같이 훈련원에 남아서 현상호 교무의 가이드로 관광을 하는데, 무슨 주제를 가지고 할 것인가 논의한 결과 "훈련원에 무엇이 필요하냐"고 물어서 "황금 대나무를 심으면 좋겠다"고 하니 그러면 '황금 대나무를 찾아서'라는 주제를 가지고 여행도 하고 관광도 하자고 하였다.

현상호 교무가 인터넷으로 황금 대나무 분양하는 곳을 찾아서 다음날 3명의 선생들과 함께 트럭을 타고 가서 보니 분양을 하는 분이 스티브 잡스의 명상 스승인 일본계 선승 오토가와 고분의 둘째 부인이었다. 그 분이 차를 한 잔 주며 우리가 불교 절에서 왔다고 하니 자기 경험에 대한 이야기를 해 주었다. 미국에서 유명한 스님은 특별한 초능력을 가진 사람이라고 생각을 하는 경향이 있어서 정신적 문제를 가지고 있는 사람이나 불치병자들이 그 병을 고치기 위해서 몰려든다고 한다. 특히 일본 불교는 대단히 패쇄적이어서 여러 가지 범죄가 발생하여도 쉬쉬하고 넘어가는 경향이 있는데 그런 문제가 생기지 않도록 초월적인 부분을 가르칠 때는 조심하라고 하는 주의를 주었다.

황금 대나무를 분양해 주면서 검은 대나무도 같이 가져가라고 주었다. 그래서 그것을 가지고 와서 법당에서 보이는 쪽에 식수를 하였다. 그 후 세 명의 선생은 카와이섬을 갔다 와서 두 명의 선생들만 다시 빅아일랜드 여행을 다녀왔다. 남아있던 인랑 선생은 나와 상담을 하면서 그동안 쌓여왔던 스트레스와 고민을 이야기하며 많은 눈물을 흘렸다. 그리고 갈등을 깨끗이 정화하고 한국으로 돌아갔다. 후에 정혜현 선생은 교도가 아님에도 불구하고 후원을 하고 싶다고 하여 매달 후원금을 훈련원에 보내주고 있다.

☆**왕산 성도종 교무** : 왕산 성도종 교무와 증타원 김도은 정토가 한 달 일정으로 하와이국제훈련원에 왔다. 퇴임을 앞둔 터라 휴식도 할 겸 훈련원 사정도 볼 겸 해서 왔다. 현상호 교무와 함께 훈련원 안팎으로 손 볼 곳을 고치고 청소하였다. 특히 창고에 닭들이 들어가 알을 낳고 썩은 달걀과 닭의 사체들이 있는 것을 전부 꺼내서 트럭 3대 분량의 쓰레기를 치우고 그곳에 닭들이 들어가지 못하도록 문을 달고 틈을 막는 작업을 하였다. 보통 사람들도 쉽게 하지 못하는 것을 왕산 성도종 교무와 증타원 김도은 정토가 솔선수범하여 치우는 것을 보고 삼대력을 병진하는 원불교 공부인의 힘을 느낄 수 있었다. 한번 보면 보는 즉시 사리연구가 되어 바로 작업취사로 이어지는 모습을 보면서 가는 곳 마다 은혜를 나투고 이익을 주는 출가위 모습을 볼 수 있었다. 현상호 교무의 가이드로 카와이, 빅아일랜드 섬 관광을 형산 양상덕 교무와 함께 다녀왔다.

☆훈타원 강덕훈, 도산 신성용 교도 부부 : 대구교당 학생회 출신으로 수성교당 창립 교도들로 하와이국제훈련원에 관광 겸 휴식을 위해서 며느리와 손자녀 2명과 같이 왔다. 현상호 교무는 박사 논문 때문에 인도로 가서 왕산 성도종 교무가 공항에서 픽업부터 관광 가이드 역할을 해 주었다. 특히 저녁 식사 때 한 시간 정도 정전이 되는 일이 있었는데, 마침 왕산 성도종 교무가 저녁에 바비큐 준비를 해 주어서 위기를 모면했다. 훈타원 강덕훈 교도와 도산 신성용 교도도 어른의 그런 모습에서 출가위 심법의 공부인이라는 것을 느꼈다고 하며 영광이라고 하였다. 4박 5일 관광 겸 훈련을 잘 마치고 한국으로 돌아갔다.

☆이법광 교무 : 성산 이성국 교무의 셋째 아들인 이법광 교무(덴버 교당)가 정토와 함께 형산 양상덕 교무와 유타원 박유정 교무를 만나러 하와이에 왔다. 하지만 유타원 박유정 교무는 사정상 오지 못하여 훈련원에서 열흘간 지내면서 관광 겸 휴식을 하였다. 특히 명상 법회 시간에 지도를 잘 해주어서 교도들이 좋아했다. 어려운 처지에서도 희사를 잘 해주어서 감사했다. 잘 지내다가 덴버로 돌아갔다.

☆화타원 석희진 교도 : 대전 유성교당 교도로 새삶회 훈련을 나러 왔다. 현상호 교무가 한국에 종교연합운동 세미나 참석을 했을 때, 작년에 새삶 훈련에 다녀간 큰 딸이 상호교무에게 어머니가 새삶 훈련을 마치고 빅아일랜드 여행을 가이드해 주었으면 좋겠다

고 하였다. 이유인즉, 아버지가 작년에 열반하고 너무 외로워하고 일에만 집중하다보니 딸로서 걱정이 되어 부탁을 하였다고 한다. 새 삶 훈련이 목요일에 끝나고 상호 교무는 오는 화요일에 인도로 가야 되는 상황에서 2박 3일간의 빅아일랜드 여행이 무리가 되지 않을까 했지만 그래도 젊은 사람이라 괜찮을 것이라고 하면서 보냈다. 다녀 온 후 너무 힐링이 되어 좋았다고 했다. 교당에서 하루를 머물고 한국으로 돌아갔다.

2020(원기105년)

☆**능타원 황법심 교무** : 온타원 정성만 원로교무가 하와이 교당에 혼자 있는 것이 걱정이 되어 능타원 황법심 교무에게 와서 함께 있자고 하여 3월 퇴임식 전에 하와이에 왔다. 두 원로교무는 교당에서 지냈는데, 코로나가 신천지로 인하여 한국에 퍼지기 시작하는 때였다. 미리 계획 했던 빅아일랜드 여행이 가능할지 걱정을 했는데, 다행히 아무 탈 없이 현상호 교무의 가이드로 2박 3일 여정으로 다녀왔다. 코로나가 호놀룰루에서도 퍼질 것 같다는 조짐이 있어서 빨리 한국으로 가는 것이 좋겠다고 하여 비행기 표를 바로 다음 날로 바꾸고 교당에서 하와이국제훈련원으로 와서 하룻밤을 지내고 공항으로 갔다. 원래 계획대로 되지 않은 비상 상황의 여행이었지만 그 가운데서도 절대로 원망하거나 화내지 않고 물 흐르듯이 변화된 상황을 받아들이는 모습에서 역시 공부인이라는 생각이 들었다. 어려운 상황에서도 훈련원에 2천불을 희사해 주어서 공사하는 데 큰 도움이 됐다.

☆**안타원 장경원 교무** : 코로나로 원래 3개월간 있기로 했던 원로교무들이 모두 한국으로 돌아가고 교당을 비워 놓는 것이 걱정이 되던 차 애틀란타교당 주임교무로 있다가 휴무하고 뉴욕교당에 있던 안타원 장경원 교무가 전화를 해서 "하와이교당에 오고 싶다"는 것이었다. 너무 감사하였고, 안타원이 회계에 능하다는 이야기를 들어서 오랫동안 묵었던 하와이교당의 세금국 회계 문제도 풀 수 있겠다는 희망이 있었다. 육일 대재를 뉴욕에서 모시고 하와이에 왔다.

하와이교당에 있으면서 도량 관리도 깨끗하게 하고 절약 정신이 강해서 수도와 전기세가 아무도 없을 때 보다 더 적게 나온 것을 보고 깜짝 놀랐다. 세금 문제도 꼼꼼히 계산하여 벌금 낼 것은 내고 편지를 보내는 대응을 해서 해결했다. 안타원님이 교당에 2천불을 희사해서 각종 경제적인 것을 해결했다. 사실 코비드19 팬데믹 지

와이메아 수목원에서 장경원 교무와 함께

원금의 일부였다. 너무 감사했다. 하와이교당으로는 정말 적임자가 온 것이라는 생각이 들었다. 하지만 기존에 가지고 있는 병이 다시 재발하여 어쩔 수 없이 한국으로 가야 하는 상황을 맞이하여 너무 안타까웠다. 다시 요양 휴무가 되어 현재 요양원에 있다.

☆황상원 교무 : 2018 ~ 2019 동서문화센터 아시아태평양 리더십 프로그램을 끝내고 2019년 7월에 문화체육관광부 후원과 국제부 주관으로 E.U.P. (Environment, Unification and Peace) 세미나를 영산 국제마음훈련원에서 세계 정치, 종교, 문화 지도자들을 모아서 3박 4일 일정으로 행사를 하였다. 그 후 동서문화센터 주관으로 아시아 청소년 교환 프로그램으로 한국에서는 한겨레고등학교 학생 2명이 발탁되어 7월 말에 학생들을 인도하고 하와이로 들어올 생각이었는데, 원광대 병원에서 종합 검진 후에 유방암 판정을 받고 수술을 하여 휴무를 해야 하는 상황이 되었다.

　수술 후 어느 정도 회복하고 한국의 12월 추운 겨울 날씨를 피해서 하와이에 요양하기 위해서 훈련원에 왔다. 겨울 3개월을 지내고 갈 생각으로 왔는데, 하와이교당 인수인계를 현상호 교무 대신 받아주고 온타원, 능타원 원로교무가 왔을 때 한국으로 들어갔다. 11월에 다시 하와이에 들어와서 다음해 국제부로 발령이 되어 이민국에 영주권자가 다음에 미국으로 돌아올 수 있는 허가 서류를 신청하고 3개월간 있으면서 하와이교당에 안타원 장경원 교무가 한국으로 가고 홍성현 교무가 새로 발령되어 오는 것을 도와주었다. 여러 가지로 하와이교당이 어려운 상황에서 없어서는 불가능한 일들을 해 주어 감사한 인연이라는 생각이 든다.

　12년 동안 훈련원에 다녀간 사람들과 함께 훈련을 통해서 나도 진급하고 그분들도 진급할 수 있는 계기가 된 것에 감사드린다. 하와이국제훈련원 방문을 통해서 모두 다시 태어나고 성장할 수 있는 계기가 되기를 간절히 염원해 본다. 그 중 특히 인생의 전환점을 맞이한 사람들을 추려서 이야기를 해 볼까 한다.

세계부활 도덕부활 회상부활
성인부활 마음부활
- 거듭난 사람들

☆현상호 교무

현상호 교무와의 인연은 수성교당에서부터 시작되었다. 학생회 출신으로 상주에서 대구로 중학교 1학년 말에 전학왔다. 학생 법회를 거의 빠지지 않고 다녔고 독서를 좋아하던 학생이었다. 사춘기 시절에 수계농원 마음공부 캠프에서 대산종법사의 손을 잡고 고민이 풀렸다고 한다. 그 후 고3 수능을 마치고 출가했다. 아마도 전생에 나와 인연이 있었던 것 같다. 대학 4년 군대 2년 대학원 2년 총 8년이라는 시간이 지나 교무가 되었고, 첫 부임지로 나와 함께 방배교당에서 3년간 부교무로 근무했다. 나를 따라 하와이국제훈련원에 부임했는데, 대산종사께서 교역자를 하와이동서문화센터에 파견시켜 공부를 할 수 있도록 늘 염원하셨다는데 나는 현상호 교무가 그 일 하도록 하는 것이 나의 의무이자 책임으로 다가왔다. 이하정 교무의 부탁도 있었고 30여 년 전 훈련 교무시절 완도소남훈련원에서 나와 성자선생이 영어를 잘하는 교무로 선발되어 대산종법사와 면담을 하였을 때 우리에게도 "동서문화센터에 가서 공부를 해 보라"고 지시하였기 때문에 나도 그 뜻을 이루어 드려야 된다는 생각이 강하게 있었다. 그리하여 현상호 교무를 3월부터 시내에 있는 사설 영어 학원에 등록시켰다. 아침 좌선이 끝나고 도시락 2개를 싸주어 2시간 정도 버스를 타고 8시에 어학원에 가서 수업을 시작하여 오후 3시에 마친다. 다시 2시간 버스를 타고 오면 오후 6시에 훈련원에 도착했다. 공부를 월요일부터 금요일까지 할 수 있도록 배려 해 주었다. 그리고 토요일과 일요일에는 요가와 일요 법회 사회를 보도록 했다.

    그런 과정을 9개월 간 하고, 12월 경 동서문화센터에서 필요한 토플 점수를 얻었고, 다음 해인 2011년 9월부터 2012년 5월까지 동서문화센터의 인재 육성 프로그램인 아시아태평양 리더십 프로그램 11기로 입학을 할 수 있었다.

    나는 이렇게 된 것을 보고 대산종사의 뜻이 하와이가 동과 서가 하나가 될 수 있는 도량이라서 지중해 시대에서 다시 대서양 시대로, 그리고 태평양 시대에 미국과 아시아를 하나로 잇는 프로젝트가 있다는 것이 얼마나 감사하고 고마운지 모르겠다고 생각했다. 이 곳이 전 세계에 기원문 결어를 선포한 곳이라 앞으로 태평양 시대를 여는데 일조를 한 것 같아서 뿌듯했다. 일원세계를 건설하는 초석이 되어 세계부활의 큰 재목이 되기를 기대한다.

하와이에 대산종사가 오신 뜻은 대종사님께서 이 땅에 오신 뜻이고, 그것은 바로 기원문 결어를 실현하는 것이라고 했다. 그래서 현상호 교무를 반드시 동서문화센터에서 공부할 수 있도록 하여 종교연합 인재 육성을 해야겠다고 서원했다.

2011(원기96)년 8월부터 동년 12월까지 6개월 과정으로 현상호 교무가 동서문화센터에서 합숙 공부를 하고 그 30여 명의 인원 중에 5명을 선발하여 나머지 6개월은 현장 학습 프로그램을 진행하였다. 거기서 현상호 교무가 발탁되어 아시아 7개국(태국, 캄보디아, 인도, 네팔, 부탄, 중국, 미얀마) 다양한 종교 지도자 33인을 만나서 종교 연합 운동 실태 조사 인터뷰를 진행하여 보고하였다.

2013(원기98)년 6월에 동서문화센터 졸업을 하고 동타원 이오은 교무로부터 연락이 와서 맨하탄에 소재한 종교연합운동 사무소에 발령이 나서 근무할 예정이었다. 그러나 하와이 동서문화센터에서 받은 장학금과 비자 문제 때문에 졸업 후 미국 밖에서 2년이 지나야 다시 미국으로 들어올 수 있어서 모든 일이 다 취소됐다. 총무부에서는 남아프리카로 발령을 냈다. 이런 소식을 접하고 1월에 손님을 모시고 빅아일랜드 관광을 할 때, 내가 현상호 교무에게 인도에 가서 불교학 박사과정을 들어가라고 했다. 그래서 아프리카 가기 전에 인도로 가서 불교학 대학원 시험을 보고 한국으로 가서 총무부장을 만났다.

그 해 3월에 남아프리카 옆의 작은 왕국인 스와질랜드에 가서 공타원 황수진 교무와 함께 6월까지 2군데 작은 저수지에 펌프를 설치하여 산 위에 있는 커다란 물탱크로 올려서 마을 2천 가구와 학교에 식수를 공급하는 공사를 했다. 이 공사를 완성하기 전 현지 기술자의 죽음과 사기로 인하여 2년 동안 완성되지 못하고 있었다. 그런데 현상호 교무가 가서 3개월 동안 기술자를 찾아서 해결하고, 라마코카 다목적관 봉불식과 도서관 개관식까지 마치고 중타원 김혜심 교무의 배려로 인도로 가서 공부를 할 수 있었다.

◎ 준 박사 논문, 큰스님 일대기

현상호 교무가 인도 고타마 붓다 대학(Gautam Buddha University)이라는 우타르 프라데쉬 주립 대학에서 불교학 준 박사(Degree of Master of Philosophy) 과정을 1년에 마쳤다. 인도 학제 상 그 과정 후에 박사 (Ph. D)과정 등록을 할 수 있기에 2013년 9월부터 2014년 7월까지 과정을 마쳤다. 그 과정 중 소 논문을 써야 한다. 다행히 2012년 동서문화센터 현장 실습에서 종교 지도자 인터뷰 시 뱅갈

로르 마하보디 소사이어티 창시자인 부다라키타 스님을 인터뷰 한 적이 있는데, 2013년 9월에 열반해서 현상호 교무가 원현장 교무와 함께 그곳을 방문했다. 그곳에서 그분이 살아온 이야기에 감동 되어 논문을 그분의 일대기를 써야겠다는 마음을 먹었다. 6개월 동안 자료를 수집하고 설문 조사를 하여 준 박사 학위 논문을 썼다. 결국 이 논문이 마하보디 소사이어티에서 책으로 출판되는 영광을 얻었다.

◎박사논문: 법화경과 원불교의 불타관
　　　　　(불교와 원불교의 관계 복원)

2014(원기99)년 7월 현상호 교무가 같은 대학에서 불교학 박사 시험을 통과했다. 박사 논문의 주제는 'The Concept of the Buddha: A Comparative Study Based on the Lotus Sutra and Korean Won Buddhism(법화경과 원불교의 불타관 비교연구)'였다.

원불교에서는 신앙의 대상과 수행의 표본인 법신불 일원상을 주로 반야경 사상을 배경으로 해석하고 있지만 대종사께서 내 놓은 〈정전〉 개교의 동기에는 분명 일체 생령의 구원 사상을 교법의 시작으로 하고 있다. 이것은 모든 교리의 해석은 반드시 구원 사상을 중심으로 전개되어야 한다는 뜻이기도 하다. 그리하여 법신불 일원상의 해석은 반야 사상의 핵심인 공성(sunyata)이라는 궁극적 절대성의 진리 그 자체로 보는 것과 동시에 그 진리를 바탕으로 어떻게 중생을 구원할 것인가 하는 법화경의 일불승과 일체 중생 수기 사상으로 보지 않으면 종교적 신앙성을 담보하기 어렵다는 것을 전제로 한 논문이다.

▲아마존 사이트에서 판매 중인 현상호 교무의 책

    이 논문은 바로 내가 동국대 시절 고익진 교수 밑에서 법화경을 공부했던 것을 바탕으로 삼신불(법신, 보신, 화신)사상을 재해석한 것이다. 항상 내 마음속에 숙제로 있었던 법화경의 일불승과 원불교의 법신불 사상을 어떻게 연결할 것인가를 이 논문으로 해결 된 것 같아서 감사하였다. 만 6년 반이라는 기간이 걸려서 결국 2021(원기106)년 3월 20일에 최종 심사 통과가 되었다. 결국 현상호 교무를 통해서 종교연합운동 인재 육성과 나의 평생 숙제였던 불교와 원불교의 관계를 회복하는데 일조할 수 있어서 너무 감사했다.

☆기산 이도전 교무

나와 원불교학과 시절 동기인 기산 이도전 교무는 훈산 이춘풍 선진의 손자이다. 평소에 글을 즐겨 쓰고, 교단 전체를 비교적 원만한 눈으로 보며, 운동신경이 뛰어난 교무였는데, 평택교당 교무로 있던 중 뇌졸중으로 좌측 신체가 마비가 되어서 요양 휴무를 오래 하고 있었다. 내가 하와이에 오기 전 총부에 있을 때 만나서 식사를 하면서 나중에 하와이에 꼭 오라는 부탁을 했는데 2010(원기95)년 5월 11일에 요양 차 와서 7월 22일까지 약 3달간 훈련원에 머물렀다. 머물면서 나와 같은 뇌졸중 환자로서 수술 전과 후에 어떻게 회복을 하고 현재 상태가 어떤지에 대해서 많은 대화를 했다.

훈련원에서 관광과 선을 잘하고 한국에 돌아가서 자기도 용기를 내서 교화 현장으로 가야겠다는 다짐을 하여 그 이듬해 발령을 받았다. 그 후 대종사께서 법성포에서 배를 타고 변산 석두암으로 오실 때 곰소항에 도착하여 종종 하룻밤 유숙을 하고 가셨던 종곡 터에 관리소를 지어 '소태산대종사 종곡유숙터'를 봉불하는 큰일을 해냈다. 이런 과정을 옆에서 지켜보았을 때 몸의 불편함을 이기고 하와이훈련원에 와서 마음이 부활되고 길었던 3년 동안의 요양 휴무를 끝냈으며, 현장에 발령을 받아 소태산 부처님 성지 장엄을 한 것은 기적과 같은 일이라고 생각된다.

☆온타원 정성만 원로교무

2020(원기105)년 1월 1일에 교당 인력 부족으로 인해 현상호 교무가 하와이국제훈련원과 하와이교당 겸임으로 발령이 났다. 하와

이 교당 전임 교무인 형산 양상덕 교무가 1월 8일에 로스엔젤레스로 간다고 하니, 하는 수 없이 암수술 후 요양 차 잠시 하와이 훈련원에 와 있던 황상원 교무가 하와이교당 인수인계를 대신 받았다. 이런 중에 나는 백방으로 하와이교당에 원로 퇴임교무들 중 근무하실 만 한 분을 찾아서 연락하였다. 김대운 교무에게 전화하여 하와이교당에서 있도록 하자고 했더니 4월에 올 수 있다고 하였다. 그래서 온타원 정성만 교무께 전화하고 "꼭 오시라"고 했더니 1년 미국 비자가 있어서 "바로 오실 수 있다"고 했다.

현상호 교무가 인도에서 박사학위 논문 심사를 마치고 14일 하와이에 와서 교당 인수인계를 황상원 교무로부터 받았다. 2월 3일 현상호 교무가 공항에 가서 온타원 원로교무를 모시고 왔다. 펀치볼 국립묘지를 참배하고, 교당에 들러서 훈련원 2층 방에 온타원 원로교무의 큰 짐을 부려 놓았다. 황상원 교무가 교당에 임시로 있으니 온타원 원로교무를 훈련원으로 모시고 왔다.

좌로부터 황법심 교무, 정성만 교무

순타원 이혜진 교무의 부탁으로 온타원 원로교무와 현상호 교무가 교도가 운영하는 미장원에 가서 모싯잎 송편을 주었다. 온타원 원로교무는 고양이를 좋아했는데 특히 '호랑이'라는 고양이와 하나가 되었다. 한 식구, 한 가족 하나의 세계가 되도록 해 주어서 고맙고 챙겨주어서 감사했다. 2층 법당 방을 숙소로 정했는데, 카펫에 먼지가 많아서 알러지를 유발할 수 있어서 1층 조실방으로 내려왔다. 그 방 청소를 하는데 벽 틈으로 개미들이 많이 나와서 실리콘으로 봉쇄를 하였다. 온타원 원로교무는 "카펫을 걷고 마루를 깔면 좋겠다"고 하면서 마루 자재비용으로 5백만원을 희사했다. 감사해서 눈물이 났다. 다음 날 홈디포에 가서 2층, 3층 마루용 강화마루 110 세트를 구입했고, 후에 마루 96개를 트럭으로 두번에 걸쳐서 가지고 왔다. 3,018 달러의 비용을 지출했다. 온타원님의 도움으로 2층과 3층 바닥 공사를 할 수 있었다. 온타원 원로교무 발의와 도움으로 하와이국제훈련원이 새롭게 부활한 셈이다.(회상부활)

　　☆원라 (셀레스트)
　　온타원 정성만 원로교무와 현상호 교무가 "이 일을 누구와 함께 할까"하고 연구했다. 휴무하고 있는 권진각 교무에게 말 해 보았지만 어렵다고 했다. 그래서 현상호 교무가 혼자 천천히 해야겠다고 생각하고 16일 선 법회 대중들에게 현상호 교무가 "마루를 깔아야 하는데 어떻게 할까" 하고 말을 하니 원라가 "남편이 목수라고 하면서 이야기를 해 보겠다"고 했다. 일 한 순간 풀리는 것을 보며 나는 놀랐다. 모든 상황이 너무 감사할 뿐이었다.

17일 원라와 남편 데이브가 와서 상담을 했다. 26일 부터 3월 6일까지 작업을 하기로 했다. 그것도 "불사하는 심정으로 무료로 봉사 하겠다"고 하니 너무나 감사했다. 2층 카페트 제거 작업을 시작으로 21일 카페트 제거를 완료하고, 22일 트럭으로 카페트 등을 쓰레기 수거장에 버렸다. 작업을 할 수 있도록 기초 작업을 마무리했다. 원라의 남편은 교도도 아닌데 자기 집 일을 하듯이 정성스럽게 자신의 기능과 기구를 사용해서 깔끔하게 마무리를 해줬다.

이런 일을 보면서 '일상원(一相圓) 중도원(中道圓) 시방원(十方圓). 주세불 불일중휘(佛日重輝) 법륜부전(法輪復轉), 조사 불일증휘(佛日增輝) 법륜상전(法輪常轉)과 진리는 하나 세계도 하나 인류는 한 가족 세상은 한 일터 개척하자 하나의 세계'는 결국 세계 평화를 위한 삼대 제언인 종교연합운동, 심전계발운동, 공동시장개척을 실현하는 일이라고 생각했다.(진리 부처님의 만남과 합일)

원라의 남편 데이브

일체 생령들

호동이 외 고양이를 돌보는 라타원

하와이국제훈련원에 와서 보니 새들의 천국이었다. 아침마다 지저귀는 새들 소리에 아침 좌선을 마치고 뒤뜰에서 먹이를 주곤 했다. 1년 후부터는 야생 장닭과 암탉들이 철망을 뛰어 날아와서 먹이를 먹고 갔다. 그중에서 어떤 암탉은 훈련원에 머물러서 알을 낳고 병아리들이 생기기 시작하였다. 그래서 훈련원이 삶의 근원지가 되어 내가 주는 모이를 먹고 자랐다.

고양이들은 처음에 몇 마리가 어슬렁 거려서 먹이를 주고 이름을 지어줬다. 그 첫 고양이가 '콩새불'이고 그 새끼들이 '평화', '보은'이다. 고양이들은 영특해서 이름을 지어주고 불러주면 알아듣고 나에게 왔다. 그리고 모두 성격이 다양하고 개성이 있는 것이 재미있었다. 고양이들 중에 '호동이'라는 이름을 붙여준 고양이는 10여 년 전 새끼 때 나에게 와서 먹이를 얻어먹고 자랐는데, 마당 한 가운데에 앉아서 개처럼 훈련원을 지키는 녀석이다. '호동이' 몫으로 먹이를 주면 다른 고양이들이 와서 먹도록 내버려 두고 자기는 슬쩍 자리를 피한다. 그것을 보고 나는 사람보다 동물이 낫다는 말을 이해하였다. 절대로 남의 밥은 먹지 않고 자기 먹이까지 양보하는 모습을 보고 진급하는 고양이라고 생각했다.

고양이도 이 도량에 와서 진급을 하는데 사람에게 공을 들이면 더욱 진급을 하겠다는 생각으로 훈련원에 오는 모든 생령들에게 먹이를 주면서 이 먹이를 먹고 이 공부 이 사업에 앞장서는 부처님들이 되라고 기도를 한다.

나의 '심전계발운동'은 마음 밭이라고 하는 개념의 확장에서 비롯한다. '마음 밭'은 단순히 내 마음만이 아니라 내가 처해 있는 주변 환경을 정화하고 주위 모든 생령들과 인연들을 함께 진급시키고 천도시키는 일을 하는 것을 말한다고 생각한다. 그래서 나는 일생동안 사시 정진을 통해서 주위 인연들을 위한 기도를 하고 완전한 해탈 천도를 할 수 있도록 '나무아미타불' 염불을 하면서 과거 전생으로부터 이생까지 적공, 적공, 대적공하고 있다.

현재 하와이국제훈련원에는 고양이와 닭이 많이 있다. 그 이유는 하와이훈련원에 와서부터 내가 새들의 먹이를 주었는데, 그 먹이를 먹으러 옆집 닭들이 날아 와서 먹고 가곤 했다. 그런데, 몇 몇 닭들은 가지 않고 여기서 살기 시작하여 알이 부화되어 숫자가 150마리 정도로 늘어난 상황이다. 고양이는 약 30마리로 이들도 먹이를 찾아서 오던 것이 늘어나서 이 숫자를 유지하고 있다.

이 동물들은 나와 한 가족이라고 생각하고 항상 먹이를 주면서 기도를 한다. '이 먹이를 먹고 동물계를 벗어나 사람 몸을 받아 이 공부 이 사업에 앞장서는 부처님들이 되자'고 진급의 기도를 한다. 그리고 이들이 모두 야생 닭들과 고양이라 병이 들면 치료를 제대로 해 줄 수 없는 환경에서 약한 어린 생명들이 도태되어 죽어가는 모습을 종종 본다. 그럴 때 마다 이 생령들이 해탈 천도될 수 있도록 때로는 천도재도 지내주고 때로는 기도로 영가를 위로해 준다. 이것이 바로 나의 심전을 계발하는 운동이다.

기원문 결어, 일원 만다라

하와이국제훈련원에서의 12년은 대산종사의 기원문 결어가 만다라로 내 삶 속으로 들어오게 하는 계기가 되었다.

작은 바퀴의 만다라가 돌면서 삼세를 통한 큰 바퀴의 만다라가 돌아가고 이것이 나의 삼세 기원문 결어가 된다는 것을 깨달았다. 그동안 평생 내가 가지고 있던 4가지 의문에 대한 답들이 바로 이것이라고 생각했다.

1. 부처님과 대종사님은 같은가 다른가?
2. 세상을 변화시키려면 어떻게 해야 하는가?
3. 어떻게 수행을 하며 어떻게 신앙을 해야 하는가?
4. 삼대력의 수행력과 사은 보은의 신앙의 힘으로 부처가 되고 나면 그 후 어떻게 살아야 하는가?

대정진 대적공의 지표인 기원문 결어

1. 일상원 중도원 시방원.
   주세불 불일중휘 법륜부전 조사 불일증휘 법륜상전.
   이것은 바로 내가 왜 부처님의 제자에서 대종사의 제자로 왔는가에 대한 해답이다. 삼세 제불제성이 결국 하나의 자리에서 나왔기 때문에 둘이 아닌 것이다.

2. 세계부활 도덕부활 회상부활 성인부활 마음부활.
   자신훈련 교도훈 련 국민훈련 인류훈련.
   이것은 바로 세계를 다시 살리기 위해서는 마음이 살아나야 되고 마음을 살리는 방법은 바로 끊임없는 훈련을 통해야만 한다고 하는 말씀이다. 나로부터 훈련을 하여 인류 훈련까지 되어야 세상을 바 꿀 수 있는 것이다.

3. 대서원 대정진 대불과 대불공 대자유 대합력.
   대참회 대해원 대사면 대정진 대보은 대진급.
   일원회상 영겁주인 일원대도 영겁법자.
   천불만성 발아 억조 창생 개복.
   무등등한 대각도인 무상행의 대봉공인.
   그 훈련의 방법은 바로 삼학 팔조의 모든 수행과 사은 보은의 모든 신앙으로 삼대력과 신앙력을 쌓아서 그 힘을 통해서 이 회상 영겁의 주인공들이 되라고 한 것이다.

4. 대종사님의 일대경륜 제생의세. 진리는 하나 세계도 하나
   인류는 한 가족, 세상은 한 일터, 개척하자 하나의 세계.
   이 세계는 하나의 마을, 이 세계는 하나의 가족,
   이 세계는 하나의 세계, 개척하자 하나의 세계.
   이것은 바로 세상을 구원하고 생령을 구원하는 것이 대종사의 경륜이고 이 일을 하기 위해서 하나의 세계를 만들어야

하는데, 세계 평화를 위한 삼대 제언인 종교연합운동, 심전계 발 도량 건설, 공동시장개척이 해답인 것이다.

하와이국제훈련원에서 서쪽 바다로 지는 해를 바라보며 깨닫는다. 결국 삼세를 통해서 이 기원문 결어의 일원 만다라 속에서 끊임없이 돌고 도는 것이 바로 내 인생의 의미였다고. 생각이 여기에 이르니 이 길로 이끌어 주신 삼세 부모 조상님들과 삼세 제불제성님들에게 한량없는 은혜를 느끼며, 내 일생은 보은의 길로 나아갈 뿐이라고 생각한다.

과거에는 아미타 부처님의 서방 정토 극락에 나기를 원하여 '나무아미타불' 염불을 하였으나, 대종사께서는 "우리의 마음속에 아미타 부처님을 발견하여 자성 극락에 돌아가기를 목적하며 염불한다"고 했다. 늘 나를 지켜보고 있는 삼세 제불제성과 삼세 부모조상님들의 호렴 속에서 이생의 어머니인 학타원 김향묵 어머니와 일체 생령들 모두 이 염불의 인연으로 천도되고 자성 극락에 왕생하기를 기원하며, 대산종사의 염불 십송으로 마무리 한다.

1. 이 염불의 인연으로 삼계 업장이 소멸하여 지이다. 나무아미타불.
2. 이 염불의 인연으로 시방 세계가 청정하여 지이다. 나무아미타불.
3. 이 염불의 인연으로 이매 망량을 여차히 항복하여 지이다. 나무아미타불.
4. 이 염불의 인연으로 육근이 항상 청정하여 대지혜 광명을 발하여 지이다. 나무아미타불.

5. 이 염불의 인연으로 심량이 광대하여 제불조사의 심인을 닮을 만한 대법기가 되어 지이다. 나무아미타불.
6. 이 염불의 인연으로 생사에 자유를 얻어 육도를 임의로 왕래케 하여 지이다. 나무아미타불.
7. 이 염불의 인연으로 무량세계 무량겁에 무량 중생으로 하여금 불도를 이루어 지이다. 나무아미타불.
8. 이 염불의 인연으로 삼세 진루가 다 사라지고 심월만 독조케 하여 지이다. 나무아미타불.
9. 이 염불의 인연으로 삼계의 유주무주 고혼을 다 천도케 하여 지이다. 나무아미타불.
10. 이 염불의 인연으로 무량아승지겁에 흐를지라도 대서원, 대법륜, 대불퇴전이 되어 지이다. 나무아미타불.

황민정 교무 삶의 여정
나무아미타불을 마치며

염불 수행에 대한 나의 신심은 동국대 4학년 시절, 강진의 백련사를 방문했던 40여 년 전으로 거슬러 올라간다.

고려시대 국사이기도 했던 원묘 요세 스님께서 백련사에서 법을 펴실 때 도탄에 빠진 민중을 염불로 구원했다는 이야기를 들으면서 나도 요세 스님처럼 염불로 생령들을 구원하는 사람이 되리라는 생각을 했었다.

그 인연으로 내 삶의 여정을 통해 염불은 늘 나의 동반자였다. 기쁠 때나 슬플 때, 어려움이 닥쳤을 때도 내 마음에는 늘 소리 없는 염불이 흐르고 있었다. 뇌수술 후 한동안 언어를 잃었다가 처음으로 터진 말도 '나무아미타불'이었다.

내가 갑자기 뇌출혈로 쓰러져 의식을 잃고 수술실을 향할 때, 내 침대를 붙잡고 어머니께서 염불을 외우며 기도하셨고, 그 기도의 힘으로 수술을 받는 가운데도 나는 정신을 차릴 수 있었다고 생각한다. 어머니는 중풍으로 쓰러지신 후 13년 간 병실에 누워 계시는 가운데에도 나를 위한 어머니의 염불 기도는 계속되고 있다. 현재 93세이신 어머니. 요즘도 매일 전화 통화를 하며 대산종사의 염불

심송을 함께 외우며 행복한 시간을 갖는다.

현상호 교무는 코로나19 기간 동안 2년을 오롯이 내 옆에서 이야기를 듣고 정리하면서 집필에 도움을 주었다. 기산 이도전, 실산 강형신 교무의 도움으로 1차 편집을 했고, 월간 원광사 목타원 이성심 교무가 마지막 교정과 편집, 디자인은 천안교당 부회장 유인숙 교도의 도움으로 이 책을 출판하게 되었다.
뉴저지교당 교도이자 나의 언니 황명숙 교도는 출판비를 마련해주었고, 영어 번역은 현상호 교무, 셀레스트, 미쉘, 마리아의 도움으로 완성됐다.

끝으로 이 책을 사랑하는 나의 아버지 황호봉님과 상록원에서 언제나 나를 위해 기도해 주시는 학타원 김향북 어머니에게 바친다.

황민정 교무 삶의 여정

나무아미타불

초판1쇄 발행   2022년 3월 28일
초판2쇄 발행   2022년 4월 28일

지은이 | 황민정
펴낸이 | 이전옥
교정교열 | 현상호 이도전 강형신
편집 | 이성심
디자인 | 유인숙

펴낸곳 | 도서출판 월간원광사
신고번호 | 제 25100-1997-0003호(1997년10월9일)
주소 | 07343 서울 영등포구 여의대방로 68길 15 (영창빌딩) 201호
         전화 02)825-6417
         Email mwonkwang@hanmail.net
인쇄 | (주)문덕인쇄

가격 15,000원

ISBN 978-89-9691-919-3

* 이 책은 저작권법에 따라 보호받는 저작물이므로 무단 전재와 무단 복제를 금합니다.
* 이 책의 판매 수익은 하와이국제훈련원 후원금으로 전달됩니다.